CW01631260

LA CONSEILLÈRE

DU MÊME AUTEUR

NKM, la femme du premier rang, avec G. Dhellemmes, Éditions Jacob-Duvernet, 2013.

Olivier Faye

La Conseillère

Marie-France Garaud, la femme la plus puissante de la Ve République

Pluriel

Couverture : Delphine Delastre
Image : © Bernard Charlon / Gamma-Rapho / Getty Images
ISBN : 978-2-818-50676-9
Dépôt légal : mai 2022
Librairie Arthème Fayard/Pluriel, 2022.

© Librairie Arthème Fayard, 2021.

« Que m'importe, après tout, que Néron, plus fidèle,
D'une longue vertu laisse un jour le modèle ?
Ai-je mis dans sa main le timon de l'État
Pour le conduire au gré du peuple et du sénat ?
Ah ! Que de la patrie il soit, s'il veut, le père ;
Mais qu'il songe un peu plus qu'Agrippine est sa mère. »

Britannicus, acte I, scène 1,
Jean Racine.

Prologue

Elle m'a fait asseoir sur le canapé, trop bas pour mes grandes jambes. J'ai l'impression d'avoir les fesses posées à même le sol. Mon interlocutrice est juchée sur un fauteuil qui la fait trôner une tête au-dessus de moi. Les années lui ont pourtant ployé le dos. « *Vous voulez boire quelque chose ?* me demande-t-elle. *Je vais appeler ma soubrette*[1]. » Un café, merci madame. Première découverte : il se trouve encore des gens pour qualifier de « soubrette » une aide ménagère.

Le ciel d'hiver est blanc en ce jour de février 2013. Marie-France Garaud se tient assise telle une cavalière, les jambes collées l'une à

1. Toutes les citations sont issues d'entretiens avec l'auteur ou d'archives audiovisuelles ou écrites.

l'autre, raide comme la justice. Son allure n'a pas changé depuis qu'elle est apparue sur le devant de la scène, il y a un demi-siècle : tailleur gris et talons hauts, chemise crème fermée par une lavallière. Elle porte toujours, à plus de 80 ans, les cheveux attachés dans un chignon impeccable, coiffure devenue chez elle signature visuelle. Ce casque de combat tire les traits de son visage au point de dessiner un masque sévère. Il va falloir s'y reprendre à deux fois avant de lui décrocher un sourire. Une photo en noir et blanc du général de Gaulle trône sur un guéridon derrière elle. C'est une de ces images célèbres du grand homme marchant canne à la main, mélancolique, sur une plage de sa retraite irlandaise. Le café est servi.

« Que puis-je pour vous, monsieur ? » J'aimerais écrire votre portrait, madame. Pourquoi pas un livre, un jour, mais ça, je vous l'annoncerai une prochaine fois, je ne le sais pas encore moi-même. Je vous ai (re)découverte il y a un an, lors d'un stage à *La Croix*, au travers d'une recherche Wikipédia – j'ai honte, mais c'est ainsi – pour préparer un article qui interrogeait d'anciens candidats à l'élection présidentielle. Intrigué, j'ai

déniché votre numéro de téléphone sur Internet et me suis demandé, après avoir échangé avec vous, pourquoi votre histoire n'a jamais été racontée autrement que par des détours de phrases dans quelques livres et articles, où votre nom est sans cesse accolé à celui de Pierre Juillet, votre alter ego.

Les moins de 50 ans, pour la plupart, ne vous connaissent pas, ou alors de loin. Les autres se souviennent de la candidate à la présidentielle de 1981, qui effrayait les petits enfants devant leur poste de télévision en prédisant l'invasion des chars de l'Armée rouge. Mais vous avez été bien plus que ça. Une femme puissante, pour reprendre une expression en vogue. La conseillère de Georges Pompidou, omniprésente, au point de gouverner la France à sa place, en tandem avec Juillet, lorsque la maladie transperçait de douleur l'ancien président durant les derniers mois de sa vie.

Surtout, vous êtes celle qui a lancé la carrière de Jacques Chirac, propulsant sur le devant de la scène ce séducteur inconstant, que vous croyiez à tort pouvoir éduquer tel un roi dévoué à votre cause.

L'ancien président de la République vous consacre seulement quelques lignes dans ses mémoires, publiés en 2009, mais elles disent tout de vous, beaucoup de votre relation, et encore davantage de l'emprise que vous avez exercée sur lui. Chirac vous y décrit comme une *« femme de grand caractère »*, *« cassante, impérieuse et dominatrice »*, ce que d'aucuns conviennent. Il poursuit à votre sujet : *« Sa fougue, sa détermination, son assurance intellectuelle, son intransigeance, son autorité, ses jugements rarement indulgents sur les hommes, font impression sur moi comme sur la plupart de ceux qui l'ont côtoyée. »* Ces quelques mots affleurent le ressentiment et l'admiration. Ils cachent l'amitié qui vous a malgré tout unis au cours de la décennie 1970. Vous aviez quasiment le même âge – il est né en 1932, vous en 1934 –, une commune ambition – conquérir le pouvoir, et vous y maintenir. Les heurts de la vie politique vous ont alors soudés, même si vous vous êtes comportée avec lui en cheftaine autoritaire, ce qui a eu le don de l'irriter. Votre *« poussin »*, comme vous le surnommiez, a fini un jour par voler de ses propres ailes. La route qu'il a empruntée vers le pouvoir s'est révélée bien différente de celle que vous aviez imaginée pour lui – plus europhile, moins obsédée par la peur du déclin. Son ingratitude vous a profondément heurtée, car, sans vous, il ne serait sans doute jamais parvenu à l'Élysée.

Garaud me regarde d'un drôle d'air, ne sachant quand interrompre mon exposé. Je sens son impatience face à un gamin qui n'a pas encore 30 ans. Le personnage en a impressionné plus d'un. La peur, m'a-t-on raconté, saisissait les interlocuteurs qui venaient frapper à sa porte, tant ils craignaient de subir une de ces formules cruelles qui ont marqué les esprits. La plus célèbre concerne Jacques Chirac : « *Je croyais que Chirac était du marbre dont on fait les statues. En réalité, il est de la faïence dont on fait les bidets.* »

C'est dans le bureau de cette femme que les carrières se faisaient et défaisaient, à une époque où les hommes régnaient en maîtres – encore plus qu'aujourd'hui, entendons-nous. J'ai retrouvé avant de venir un exemplaire du magazine américain *Newsweek* daté de 1973, qui la consacrait « *femme la plus puissante de France* ». Depuis, d'autres Françaises ont dirigé des entreprises du CAC 40, des institutions internationales, ou ont été ministres. Il en est qui ont révolutionné leur domaine, dans l'économie, la science, la littérature ou le sport. Une femme – une seule –, Édith Cresson, a dirigé le gouvernement, pendant quelques mois, en 1991. Mais personne n'a jamais songé à la qualifier, elle ou les autres, de « femme la plus puissante de France ».

Marie-France Garaud la joue modeste : homme, femme, *« ce qui compte, c'est de savoir si on a une capacité de décision ou pas. Sinon, on va se promener au jardin du Luxembourg »*, lâche-t-elle. Il lui arrive de se montrer plus sincère, et de s'inscrire dans la lignée des pharaonnes ou du matriarcat romain. Marie-France Garaud a rejoué avec Jacques Chirac l'antique duo d'Agrippine et de Néron, ce ballet ambigu d'une mère cherchant à installer son fils au pouvoir et à régner à travers lui. Une tragédie qui s'achève d'un coup de glaive frappé au ventre. *« Chirac avait du charme. Un charme adolescent… Celui d'un être inaccompli. Le genre de charme qui exerce une tentation sur les autres »*, soupire-t-elle.

Ce que je ne lui dis pas, c'est que le souvenir de cette époque soulève en moi des bouffées de nostalgie. Je suis né à la veille de la chute du mur de Berlin, et n'ai donc pas connu les années 1960 et 1970. Mais il se dégage de leurs images sépia ou noir et blanc une nonchalance insouciante, à rendre jalouse la jeunesse des années 2020. L'éveil aux loisirs, la foi en la religion de la croissance, le goût de la liberté… Dans les films de Claude Sautet ou de François Truffaut, la musique de Georges Delerue me berce ; elle paraît ouvrir une fenêtre sur la vie de mes grands-parents, cette génération qui a joui des Trente Glorieuses, de ce temps des possibles où un fils de cheminot pouvait devenir médecin, vivre comme un grand bourgeois et défricher l'horizon de ses descendants.

Le personnel politique de l'époque était peuplé de héros de guerre ou de truands – parfois les deux à la fois –, qui portaient une ambition personnelle, mais aussi des idéaux. Le tragique de l'histoire leur soufflait dans la nuque ; la plupart avaient connu la Seconde Guerre mondiale. Je ne veux pas dire que « c'était mieux avant ». C'était différent, c'est tout. Et cela m'intrigue.

Marie-France Garaud m'interrompt dans mes rêveries pour reprendre le contrôle de la conversation. Elle ne le lâchera plus.

Mon projet lui semble singulièrement manquer de sérieux. Je découvre l'assurance intellectuelle du personnage, ce débit de mitraillette qui intimide intervieweurs et invités sur les plateaux de télévision, où elle se rend encore à l'occasion. Un conseiller, me dit-elle, n'existe pas aux yeux de l'histoire. « *On n'est pas au pouvoir quand on est conseiller. On est au pouvoir quand on décide ! Le pouvoir ne se partage pas, on le sert. Les états d'âme des exécutants ne regardent personne* », assène-t-elle. Son discours paraît si rodé qu'elle a dû le répéter des dizaines de fois. Elle ne m'écoute plus.

Selon elle, je devrais plutôt raconter que la France n'est plus un État. L'Europe nous a vassalisés. La chancelière Merkel règne en maître sur un vieux continent docile et soumis. Voilà une question digne d'intérêt à ses yeux. Le reste n'est que gamineries. Nicolas Sarkozy, François Hollande, Emmanuel Macron et les autres sont réduits aux expédients. L'ancienne conseillère m'amène sur son terrain. Je me noie dans les sables mouvants du souverainisme, de l'histoire longue des États en lutte pour leurs intérêts et de la nostalgie d'une époque où le politique primait sur l'économie. Le tableau est ombrageux. La scène se reproduira à l'infini, les années suivantes, lorsque je lui rendrai à nouveau visite pour apprendre à mieux la connaître : avant d'obtenir une anecdote ou un souvenir personnel, il me faudra d'abord en passer par un cours d'histoire et de géopolitique. Impossible de l'interrompre dans ces moments-là.

L'appartement où habite Marie-France Garaud est un personnage à part entière. Il n'était hier que le théâtre de sa carrière politique ; c'est devenu celui de son existence tout court. Il se trouve dans un immeuble situé à mi-chemin entre l'Assemblée nationale et le musée d'Orsay, le long de la Seine, où des enfilades de voitures passent toute la journée. Une conseillère politique devenue magistrate à la Cour des comptes peut donc posséder un de ces appartements de cheik saoudien, abrités derrière de belles façades qui vous font lever la tête. À la fin des années 1970, les lieux accueillaient des réunions de travail ; elle y loge désormais quotidiennement, quand elle ne se trouve pas dans son château des Deux-Sèvres.

Le salon est figé dans un décor qui paraît ne pas avoir bougé depuis des décennies. Il ressemble à une petite salle de bal, façon Habsbourg, où l'on aurait placé çà et là des bronzes de chiens, péché mignon de la propriétaire. Dans la pièce voisine, la bibliothèque met en évidence un livre d'art retraçant la carrière de Bugatti, le « sculpteur des animaux ». Sur l'étagère, d'autres ouvrages sont consacrés à Gauguin, Degas, Magritte… La rangée de Gaulle se trouve juste au-dessus : mémoires, discours, essais. Les œuvres de Georges Pompidou ont, elles aussi, leur place dans la bibliothèque, dans une sorte de mise en abyme de l'histoire pour celle qui a été sa conseillère.

Marie-France Garaud a créé un mythe : celui de l'éminence grise à la française. À son époque, les « *spin doctors* », ces conseillers rompus à l'art de la communication et du *storytelling*, prenaient le pouvoir de la politique américaine. Comme eux, l'enfant du Poitou, montée à Paris dans les années 1950, a presque toujours opéré dans l'ombre, au côté de son ami et mentor Pierre Juillet. Elle a creusé des tunnels sombres et tortueux que peu de personnes ont osé emprunter depuis. Marie-France Garaud a beaucoup humilié et écrasé ceux qui se trouvaient sur son passage, Chirac compris. L'intelligence est parfois vécue comme un passe-droit, et l'influence comme un pouvoir à part entière.

Dans les années 1970, le grand public ne s'intéressait que timidement aux cuisines de la politique. Les affaires de mœurs étaient privées, et le restaient. Les scandales financiers circonscrits à de simples départs d'incendie. Un mort, de temps à autre – parmi lesquels les ministres Robert Boulin, Jean de Broglie ou Joseph Fontanet –, défrayait la chronique de ce que certains ont appelé les « années de plomb à la française ». Mais le pouvoir, qu'il soit gaulliste ou giscardien, n'a jamais vraiment vacillé. Tous les coups étaient permis.

Marie-France Garaud a beaucoup intrigué et menacé. Aujourd'hui encore, certains de ses contemporains refusent d'évoquer le souvenir de cette femme qui leur a laissé en bouche un goût de sang.

J'ai tenté à plusieurs reprises de joindre l'ancien président Valéry Giscard d'Estaing. En vain. Pas question, m'a-t-on fait comprendre, qu'il perde son temps à évoquer le souvenir de cette femme qui lui a mené la guerre après l'avoir aidé à conquérir le pouvoir. Idem du côté d'Édouard Balladur, avec qui Garaud a travaillé à l'Élysée du temps de Pompidou. *« J'ai fait part de votre demande à M. Balladur, qui ne souhaite pas vous rencontrer, car il n'a que du mal à dire de cette personne* », m'a expliqué l'assistante de l'ancien Premier ministre, qui a pourtant la réputation de se montrer peu avare en perfidies. D'autres, fort heureusement, plus nombreux – qu'ils soient petites mains ou grands acteurs de l'histoire –, ont accepté de me parler, mais ont parfois requis l'anonymat. Comme s'il restait encore, quarante ans après, quelque chose à craindre du personnage Garaud. Le secret continue d'envelopper son parcours. Les archives de son acolyte, Pierre Juillet, sont pour l'heure interdites d'accès. Celles de Marie-France n'ont pas encore été transmises aux Archives nationales.

L'ancien ministre du général de Gaulle et ex-PDG d'Elf-Aquitaine, Albin Chalandon, mort en 2020 à l'âge de cent ans, n'avait pas ces préventions. Il m'a reçu un jour dans son appartement de la rue Vaneau, à Paris, dont la porte d'entrée est encadrée par deux immenses défenses d'éléphant, cadeau de je ne sais quel potentat africain. Alangui sur son canapé dans une robe de chambre en soie – il était pourtant près de midi –, le « bel Albin », comme il était surnommé, m'a expliqué les ressorts de cette crainte, due au profil de « *manipulatrice* » de la conseillère. « *Avec Pierre Juillet, ils ont été responsables de beaucoup de carrières et de destins. Elle avait toujours l'œil gourmand au moment de parler des gens qu'elle voulait assassiner* », sourit-il. Le terme étant employé au figuré, naturellement. Tout juste quadragénaire à l'heure de son apogée, Garaud savait aussi se montrer « *séductrice* », souligne Chalandon. « *C'était une belle femme, Marie-France, pas une beauté. Elle avait un beau corps, elle dégageait du charisme sexuel. Pas assez de féminité, peut-être, car elle aimait le pouvoir. Ce sont là ses gènes masculins.* »

J'ai fait part une fois à Marie-France Garaud de la crainte qu'elle suscite chez ses contemporains, alors qu'elle se tient éloignée depuis longtemps du pouvoir. « *Ils ont raison* », me lance-t-elle tout à trac, sans plus d'explications. Cette adepte de la chasse à courre a coutume de dire que « *l'habileté ne prévaut jamais contre la force* ». Il en reste visiblement quelque chose.

Une femme, en particulier, l'ancienne maîtresse de Jacques Chirac, Jacqueline Chabridon, s'est montrée réticente à l'idée de me parler. Nous avons échangé quelques coups de téléphone et SMS. « *Cette personne* », comme elle dit pour désigner Marie-France Garaud, ne mérite pas mieux à ses yeux. Leur histoire commune montre à quel point la conseillère ne s'est pas cantonnée à un simple rôle dans la vie publique de Chirac : elle est intervenue jusque dans les recoins de sa vie privée, parfois avec brutalité. Un épisode crucial pour comprendre la face sombre du personnage.

**

Jacqueline Chabridon a longtemps travaillé dans la communication pour de grands groupes. Avant cela, dans les années 1970, cette pétulante trentenaire était journaliste à la rubrique « spectacles » du *Figaro*. Un matin de 1975, un de ses rédacteurs en chef vient lui commander un portrait du Premier ministre, Jacques Chirac. Il attend d'elle un éclairage intime sur le personnage, qui casserait l'image d'agité de ce jeune chef de gouvernement de 42 ans, nommé par Valéry Giscard d'Estaing, un an plus tôt, en récompense de son soutien à la présidentielle. Il avait alors trahi le candidat officiel des gaullistes, Jacques Chaban-Delmas.

Chirac, avec son physique de star hollywoodienne, ses cheveux gominés et ses Winston au bec, charrie une réputation de « monsieur de ces dames », qui profite à plein des libertés de l'époque. Mai 68 a secoué la société française ; en l'espace d'une décennie, la sensualité adolescente des *Demoiselles de Rochefort* a laissé place à l'anarchie sexuelle des *Valseuses*. Marie-France Garaud, qui occupe un bureau au rez-de-chaussée de l'hôtel de Matignon, cornaque l'agenda du Premier ministre, et lui accorde de temps à autre un quart d'heure de liberté. L'idée de ce portrait dans *Le Figaro* lui a plu à l'origine, jusqu'à ce que l'irruption de Jacqueline Chabridon conteste son pouvoir. La jeune femme de 36 ans, jolie blonde aux allures candides, avec ses taches de rousseur, et Jacques Chirac vont nouer une aventure passionnée pendant près d'un an et demi. Aucun portrait ne sera jamais publié, mais une folle idylle s'écrit en secret.

L'histoire qui lie les deux amants n'est pas une simple récréation. La perspective du mariage est susurrée, comme dans un songe. La journaliste y croit. Le Premier ministre évoque l'hypothèse du divorce devant ses proches. Il faut le comprendre, la liberté l'a toujours attiré, comme lorsqu'il rêvait de s'embarquer dans la marine marchande, avant de se résoudre à devenir énarque. « *Jacqueline ? C'est l'antithèse de Bernadette Chirac* », s'amuse le journaliste Franz-Olivier Giesbert, alors au *Nouvel Observateur*. Solaire, quand l'épouse du Premier ministre peut se révéler polaire.

Cette dernière ne connaît rien de l'aventure de son mari, mais elle devine confusément qu'il s'éloigne chaque jour davantage, d'elle et de ses filles, Laurence et Claude. Elle s'en ouvre à Marie-France Garaud. Il lui coûte de demander de l'aide à cette femme, qu'elle évite d'habitude pour ne pas avoir à subir sa morgue. En privé, l'épouse s'interroge sur la nature de la relation qui unit Garaud à son mari. Mais la conseillère représente pour l'heure sa meilleure alliée. Elle non plus ne veut pas voir Chirac divorcer ; cela risquerait de compromettre ses chances de devenir un jour président de la République. La majorité silencieuse est conservatrice. Garaud entend forcer l'impénitent à mettre fin à son adultère, qui menace d'éclater au grand jour dans la presse et de provoquer un scandale retentissant. Il s'y refuse. « *Il faut bien que je vive !* » se lamente Chirac, tel un adolescent.

La pression dure plusieurs mois. Jacqueline Chabridon, qui a appris que la conseillère s'est lancée à ses trousses, prend peur. Son adversaire, lui assure-t-on, ne connaît aucune limite. Un dirigeant de l'UDR, le puissant parti gaulliste auquel appartiennent Chirac et Garaud, vient secouer la journaliste sous prétexte de lui donner un conseil amical : « *Attention, Marie-France est prête à tout. Même à te tuer !* » L'éminence grise est surtout prête à régler cette histoire à la place de Chirac, qui, de guerre lasse, abandonne le combat et consent du bout des lèvres à une rupture. Mais il ne trouve pas le courage de s'en charger lui-même. « *Ce sont toujours les femmes qui font les corvées, de toute façon…* », souffle la conseillère.

À la veille de l'été 1976, Garaud convoque Chabridon à déjeuner dans un restaurant de la rive droite, à Paris. Deux volontés s'opposent ; l'une revendique son droit d'aimer, l'autre d'échafauder des plans pour la grandeur de la France. Le gaulliste Chirac a prévu de quitter Matignon avec fracas pour reprendre son dû au centriste Valéry Giscard d'Estaing : le pouvoir. Il va se lancer dans la course à la présidentielle. Son amourette le condamnerait. Marie-France Garaud s'emporte devant la jeune femme : *« Au nom de la France, renoncez ! »* Les clients des tables alentour s'étonnent du spectacle de ces deux femmes, qui se quittent dans un climat de tension. Mais la conseillère finit par l'emporter.

Au cours de mon enquête, plusieurs témoins de l'époque m'ont assuré qu'elle aurait formulé à la journaliste une proposition qui ne se refuse pas. La somme de 500 000 francs est évoquée pour l'achat de son départ et de son silence. Un bon connaisseur des réseaux gaullistes me jure que la somme aurait été remise par l'intermédiaire de Charles Pasqua, l'homme des circuits occultes chiraquiens, et de son compère corse, Alexandre Sanguinetti, l'ancien patron de l'UDR. Jacqueline Chabridon, pour sa part, réfute avoir jamais touché ou s'être vu proposer le moindre centime.

Quoi qu'il en soit, l'histoire qui la lie à Chirac prend fin ; ils ne se reverront plus que de loin en loin. Marie-France Garaud envoie un jour un jeune conseiller du Premier ministre, un énarque et normalien nommé Alain Juppé, épier une de leurs rencontres. Charles Pasqua, de son côté, se charge d'effacer les traces de l'idylle, qui reste une bombe à retardement. Il profite de l'absence de la journaliste pour dépêcher des hommes de main à son domicile et récupérer les lettres d'amour qu'elle avait échangées avec son célèbre bien-aimé. « *Il fallait réfréner les ardeurs de Chirac, l'aider à tenir son rang* », confessera le Corse, quarante ans plus tard. Quitte à tout balayer sur son passage.

À l'hiver 1976, les amis de Jacqueline Chabridon se pressent à l'hôpital. La journaliste, éplorée par sa rupture avec Jacques Chirac, a tenté de mettre fin à ses jours. En vain. Perçoit-elle alors l'écho de son ancien amant qui parcourt le pays ? Le 5 décembre, 50 000 personnes, six cents journalistes, dix-huit chaînes de télévision et seize stations de radio assistent, porte de Versailles, à Paris, au sacre du jeune loup comme président du RPR, le Rassemblement pour la République. Un nouveau parti construit à sa main avec l'aide, entre autres, de Marie-France Garaud et de son alter ego Pierre Juillet, sur le cadavre fumant de l'UDR. La page des vieux barons du gaullisme et des héros de la Résistance est tournée. La droite entre dans une nouvelle ère. « *L'appel que je lance n'est que l'écho de l'éternel appel des nations qui ne veulent pas mourir* », déclame ce soir-là Jacques Chirac à la tribune, le nez collé à son discours. Du Pierre Juillet dans le texte. Sombre et cocardier. « *Le chiraquisme est né le 5 décembre* », écrira la presse le lendemain. Il compte déjà sa part d'ombre. Marie-France Garaud en sera la fidèle stratège.

I

Avant Marie-France, il y eut Marie-Françoise. Avant l'épouse Garaud, la fille Quintard. Et avant Paris, Poitiers. Le pays natal d'une femme qui gardera toute sa vie la mentalité d'une bourgeoise de province.

Il faut imaginer Poitiers dans les années 1950. La ville aux cent clochers est une commune sans drame, comme la France de l'Ouest en produit par dizaines, avec ses maisons à colombages et son centre historique. Une maxime populaire la résume en trois « s » : « *sainte, savante et sale* ». La Fontaine, qui ne souhaitait visiblement pas s'y attarder, a noirci le tableau dans une lettre envoyée à sa femme, il y a de ça trois siècles : « *Mal pavée, pleine d'écoliers, abondante en prêtres et en moines.* »

Avec son père avoué – cossu –, son éducation stricte – à base de latin, de grec et de piano –, et ses années d'écolière chez les sœurs sous l'Occupation – passées à chanter, comme tous les enfants de l'époque, *« Maréchal, nous voilà ! »* –, Marie-Françoise Quintard n'est pas tombée petite dans la marmite des idées nouvelles. Vue du Poitou, la France est une géographie, une terre, une culture, que les régimes et les modes ne bousculent pas. Les sous-bois et les champs, ni beaux ni laids, décor effaçable d'un battement de cils, représentent l'unique horizon de ses habitants.

Marie-Françoise naît le 6 mars 1934 dans une famille qui n'a rien de conventionnel. Son père, Marcel, en est à son second mariage. Il a 53 ans à sa naissance ; sa mère, vingt ans de moins. Le chef de famille chérit sa fille unique comme un fils. Il l'emmène très tôt à la chasse, la traite avec les mêmes égards qu'un garçon. L'enfant observe les adultes tirer le perdreau. Elle se bouche les oreilles aux premières détonations et ferme les yeux devant le spectacle de la mort. Puis vient l'heure de s'enhardir. À 15 ans, Marcel lui met un fusil entre les mains. L'honneur est lourd et le père déçu. *« Il y a deux catégories de tireurs. Ceux qui tirent en face et ceux qui tirent à côté. Tu appartiens à la deuxième catégorie* », lui lance-t-il un soir en rentrant d'une partie de chasse, les pieds dans la gadoue. La jeune femme rumine l'humiliation. Elle prendra des leçons pour laver l'affront. Un jour viendra où les grands de ce monde admireront son coup de fusil lors de mythiques parties de chasse présidentielles au château de Chambord ; des cérémonies dont elle sera le maître. L'adolescente connaît les vertus de la patience, qu'elle a apprises en pratiquant le dressage de chevaux.

Marie-France restera toute sa vie nostalgique de l'éducation reçue par Marie-Françoise. Peu importe que le maître soit jésuite ou hussard noir républicain : il fut un temps où « *les mâles étaient formés* ». Oui, les mâles, car « *les hommes et les femmes, c'est différent* », affirme-t-elle : « *Laissons les génies s'épanouir chacun de leur côté.* » La Poitevine pourrait paraphraser le vieux curé de Torcy décrit par Bernanos dans son *Journal d'un curé de campagne*, cet ecclésiastique bougon qui regrette le temps où l'« *on formait des hommes d'Église* », des vrais. « *Ça vous tenait un pays, ces gens-là, rien qu'en haussant le menton.* »

La jeune femme est belle. C'est une de ces beautés vivantes, qui semblent irradiées par leur appétit de l'existence. Plutôt grande pour son époque, tonique, elle occupe l'espace d'une pièce par sa simple présence, quand d'autres pourraient disparaître au milieu du décor. Les regards se retournent sur son passage pour fixer les traits fins de son visage ; ils paraissent dessinés à la serpe, d'un coup aussi net que celui donné par le paysan pour récolter les blés.

Marie-Françoise grandit avec la honte de la déculottée reçue en 1940. « *Cette guerre, c'est la première fois dans l'histoire que la France s'est déshonorée. Il y a des jours où la France ferme pour cause de fatigue* », dira-t-elle des années plus tard. Elle n'a pas oublié l'humiliation de ce pays placé sous le joug de l'occupation allemande. Le bruit de bottes des soldats de la Wehrmacht et le son râpeux de leur langue l'entêtent. Des images fugitives de réfugiés hagards et sans toit, contraints de payer leur verre d'eau pris à la ferme, lui reviennent tels des flashs aveuglants. Une fois adulte, la Poitevine dira que « *la honte vécue par la France a rendu ce pays passif* ». Vis-à-vis de l'Allemagne, bien entendu. Son obsession.

Poitiers n'est pas que la cité aux cent clochers. C'est aussi un bastion radical. Qui dit radical, dans les années 1950, dit Pierre Mendès France. La figure morale d'une gauche modérée. Une fenêtre ouverte sur l'espoir de progrès dans un pays en pleine reconstruction suite aux ravages de la guerre. *« Où est la victoire ? Où logerons-nous demain ? »* se demandent des Français assaillis d'impôts, qui manifestent au milieu des décombres contre la pénurie de logements.

Marie-Françoise s'est inscrite à la faculté de droit de Poitiers. Tout le monde ou presque dans la famille est juriste, pas de raison qu'elle y échappe. Son père ne veut pas que son enfant unique se résigne à une vie sans ambition. Si elle peut trouver un mari sur les bancs de l'université, c'est tant mieux. Comme beaucoup de ses amis de la fac, l'étudiante se pâme pour Mendès, cet homme au phrasé limpide dont elle écoute les causeries à la radio. La jeune femme biberonne à la revue *Esprit*, maison d'accueil des promoteurs de la deuxième gauche, qui vante le dialogue social et la décentralisation. Marie-Françoise est une conservatrice dans l'âme, mais elle éprouve le besoin d'admirer, et il n'est pas beaucoup d'hommes providentiels sur le marché depuis que de Gaulle s'est retiré des affaires, en 1946, pour protester contre le retour du régime des partis. Mendès, lui, représente un phare dans cette IVe République agitée, qui voit les gouvernements valser plusieurs fois l'an. La jeune femme croit en la grandeur de son pays. Ses camarades de droit, compagnons d'interminables parties de poker dans des salles enfumées, où la radio diffuse les morceaux de jazz que l'on écoute dans les clubs de Saint-Germain-des-Prés, lui ont trouvé un petit surnom : Marie-France. Aucun rapport avec Mendès, c'est un simple diminutif. Mais il est doux de porter, comme lui, le pays jusque dans son nom.

En 1954, une fois son diplôme en poche, à tout juste 20 ans, elle s'inscrit au barreau de Poitiers. La jeune femme envisage d'écrire une thèse en histoire du droit, mais la perspective de rester enfermée trop longtemps dans une bibliothèque ne l'enchante guère. Elle commence donc à travailler dans un cabinet d'avocats de la ville et enchaîne les petits dossiers. Il n'est pas banal pour une femme d'exercer un tel métier dans les années 1950, mais son père lui a donné suffisamment confiance en elle pour ne pas s'écraser face à ces messieurs. Franche et pas bégueule, Marie-France est une bûcheuse qui affirme une autorité naturelle habillée d'un large sourire. Elle n'est pas du genre à citer le *Deuxième Sexe* de Simone de Beauvoir, paru cinq ans plus tôt ; elle juge plus utile, au pays des hommes, de se comporter comme eux.

Poitiers se révèle bien vite trop petit pour la jeune avocate. En 1957, à 23 ans, elle gagne Paris ; un poste d'attachée juridique l'attend au ministère de la Marine. Son ascension peut débuter.

Depuis la fin de la guerre, la France vit avec la décolonisation en toile de fond. L'humiliation de Diên Biên Phu et du conflit en Indochine a été amortie par la distance avec la métropole. Mais quand l'Algérie, de l'autre côté de la Méditerranée, se soulève, la guerre d'indépendance menace de muer en guerre civile. Le pouvoir vacille : le 13 mai 1958, les militaires tentent un coup d'État à Alger pour maintenir le rattachement du département à la métropole. La situation est propice à un retour du général de Gaulle, appelé encore une fois au secours de la patrie en danger.

Installé à la tête du gouvernement, l'homme du 18-Juin projette d'abattre la IVe République et son trop instable régime parlementaire. Il veut soumettre aux Français le texte d'une nouvelle Constitution, qui donnerait des pouvoirs étendus au chef de l'État. La gauche crie au scandale. Pierre Mendès France fait barrage de son corps contre ce virage imposé à la pointe du fusil des putschistes, qui voient – à tort – en de Gaulle le sauveur de l'Algérie française. *« Je ne voterai pas le pistolet sur la tempe »*, prévient Mendès. Marie-Françoise Quintard, qui compte encore parmi les partisans du radical, suit son héros jusque dans l'isoloir. Le 28 septembre 1958, elle fait partie de cette minorité de Français – moins de deux sur dix – à dire « non » à la création de la Ve République. En juriste scrupuleuse, elle ne veut pas cautionner ce qui s'apparente à un coup de force. *« Courte vue de jeunesse »*, écrira-t-elle, des décennies plus tard, comme pour expier ce péché originel.

La jeune femme comprend vite son erreur : mieux vaut un homme fort qu'un régime débile. Le gaullisme est une religion totale, qui suppose d'abjurer ses fautes avant d'entrer dans son Église. Marie-France Quintard ne va pas tarder à se convertir. Elle a trouvé le meilleur des prêtres pour l'accompagner.

II

Enfin l'huissier l'invite à quitter l'antichambre où elle patiente depuis de trop longues minutes, qui lui paraissent des heures. Les dorures de l'hôtel de Montesquiou, rue Monsieur, à deux pas des Invalides, ont de quoi impressionner n'importe quel jeune homme ou jeune femme. La République a appris à se couler dans les habits de l'Ancien Régime pour asseoir son prestige et son autorité. En ce mois de mai 1961, Marie-France Garaud, 27 ans, est attendue par le locataire des lieux, le ministre de la Coopération, Jean Foyer. Elle se présente avec l'assurance nouvelle d'une femme mariée ; cela fait maintenant deux ans qu'elle a épousé Louis Garaud, jeune Poitevin monté à Paris, comme elle, pour mettre à profit ses compétences de juriste. Avocat au Conseil d'État et à la Cour de cassation, réputé pour son souci du détail, il se montre aussi discret que son épouse est charismatique.

Foyer, lui, est une sommité dans le petit monde gaulliste, qui compte pourtant son lot de héros de guerre et de résistants. En plus de ses faits d'armes contre l'occupant nazi, ce haut fonctionnaire a contribué à rédiger la Constitution de la Ve République, qui permet à de Gaulle de remettre la France depuis trois ans sur la voie de la stabilité. Le « cas » algérien, pour autant, n'est toujours pas réglé. Et il faut installer une nouvelle relation entre la métropole et les anciennes colonies tout juste indépendantes. C'est la raison pour laquelle le Général a créé un ministère de la Coopération, dont Foyer vient de prendre les rênes.

Marie-France connaît bien le nouveau ministre : il a été son professeur de droit à Poitiers. L'austère personnage n'a pas changé depuis que leurs routes se sont séparées, il y a six ans ; Foyer a toujours l'air d'un curé avec son crâne dégarni et ses grosses lunettes carrées. Réputé proche de l'Opus Dei, arrière-arrière-petit-neveu d'un prêtre réfractaire lors de la Révolution – sa fierté –, il barbote depuis toujours dans un bain d'eau bénite. Ses groupies se pressent sous la nef de l'abbaye du Val-de-Grâce pour écouter ses sermons – en latin ! – en mémoire d'Anne d'Autriche, la régente de Louis XIV, fondatrice des lieux. Il faudra le voir s'opposer, en 1974, à la légalisation de l'avortement au nom de la *« morale naturelle »*. Quelques années plus tard, les députés gaullistes se moqueront de ses assommantes homélies prononcées dans le train qui les conduit en pèlerinage à Colombey-les-deux-Églises.

« Mon petit, j'ai une proposition à vous faire, lance-t-il à Garaud. *Je recherche une attachée parlementaire. J'ai pensé à vous. »* Le ton est sec comme un enrôlement de force dans l'armée. La jeune femme proteste pour la forme. *« Je ne sais même pas par où on rentre au Sénat… »*, répond-elle d'un air ingénu. Foyer ne veut rien entendre ; il faut bien commencer un jour. Le ministre n'est pas sans savoir que la politique intéresse depuis longtemps Marie-France, dont le père a été conseiller général d'un canton du sud de la Vienne. Elle n'est pas timide, connaît son droit sur le bout des doigts, et puis, pense Foyer, elle est mariée ! Cela évitera de créer des problèmes dans ce monde

d'hommes, même si certains ont de toute façon peu de retenue à la vue d'une jolie femme. Marie-France a beau porter des jupes en laine et des pull-overs de fille de province, sa taille de danseuse ne la fait pas passer inaperçue.

La jeune conseillère apprend bien vite à connaître chaque député et chaque sénateur. Leurs appétits, leurs faiblesses, le nom de leurs maîtresses… En quelques mois, elle parvient à sonder leurs états d'âme et sait les manier comme un berger son troupeau. Un jour, elle rend un service. Un autre, elle menace. Un autre, encore, elle séduit. Son charme et son aplomb lui ouvrent bien des portes. Sa dérision, aussi. Marie-France aime rire. Se moquer, surtout, d'elle et des autres. La conseillère devient en quelques mois un personnage incontournable du Parlement. Elle gagne même un surnom auprès de ses premiers détracteurs : *« La mère au Foyer »*.

La jeune femme a lu Balzac et Flaubert. Elle sait que son ascension passe aussi par une vie sociale remplie et des mondanités calculées. Les Garaud reçoivent dans l'appartement qu'ils ont acheté rue Margueritte, à deux pas du parc Monceau, dans le bourgeois 17e arrondissement de Paris. Leur carnet d'adresses s'enrichit de noms d'hommes politiques, d'avocats, de journalistes. L'homme d'affaires Roger-Patrice Pelat, ami intime du jeune sénateur de la Nièvre, François Mitterrand, habite au premier étage et vient parfois en voisin. La maîtresse de maison a accroché sur les murs de son appartement des huiles de scènes de vie à la campagne. Les Parisiens purs et snobs moquent l'attitude de cette *« aristocrate régionale »*, qui reçoit comme on tenait salon au XIXe siècle. Marie-France Garaud exhale les manières bourgeoises d'antan. Les hommes ont leurs salons, où ils partagent cigares, alcools et tapes sur le ventre. Marie-France anime le sien comme les égéries des Années folles et capte l'attention par sa répartie et son intelligence. Pendant ce temps-là, son mari compose, silencieux, avec ces ballets incessants.

**

Avril 1962. L'austère Jean Foyer a bien travaillé : il vient d'être promu garde des Sceaux. La conseillère conserve à ses côtés son poste d'attachée parlementaire, mais ce changement la fait grimper d'un coup les échelons de la chaîne alimentaire du monde politique. Il devient avantageux de la connaître ; la chancellerie est au cœur de quantité de dossiers sensibles.

Malheureusement pour Marie-France, son patron est un rebelle qui ne dit pas son nom. Aussitôt nommé, Foyer met sa démission dans la balance : il veut forcer de Gaulle à accorder sa grâce au putschiste d'Alger, Edmond Jouhaud, condamné à mort, un an plus tôt. Raoul Salan, le chef de file de la fronde, n'a eu droit qu'à une simple perpétuité : une telle inégalité de traitement, plaide-t-il, serait dangereuse du point de vue juridique. *« Rasseyez-vous ! »* lui intime de Gaulle, qui ne veut pas entendre parler de démission. Il finit tout de même par donner raison à son ministre, qui était soutenu dans sa démarche par Georges Pompidou, le chef du gouvernement. Jouhaud est gracié.

L'autorité gaullienne, habile mélange de raideur et de compromis, impressionne Marie-France Garaud. L'heure n'est plus à se défier du Général. Au contraire. En quatre ans, il a remis la France sur les rails et évité la guerre civile. L'Algérie est en passe d'assurer sa transition vers l'indépendance, le paquebot *France* vogue sur l'Atlantique, le Concorde va bientôt fendre l'air, et le premier essai nucléaire français, Gerboise bleue, a été réalisé avec succès dans le désert algérien.

L'ancienne colonie continue néanmoins de secouer la métropole. De nombreux pieds-noirs s'estiment trahis par de Gaulle, qui a signé en mars les accords d'Évian, donnant son indépendance à l'Algérie.

L'OAS, en particulier, fait parler la poudre. Après l'attentat raté du Petit-Clamart, en août 1962, l'organisation terroriste tente de frapper le Premier ministre, Georges Pompidou, à la sortie de la messe dans son village d'Orvilliers, en région parisienne. La menace est permanente. Le pouvoir veut créer une Cour de sûreté de l'État pour traiter ces criminels hors des juridictions de droit commun. Mais le président du Sénat, Gaston Monnerville, adversaire farouche du gaullisme et de sa dérive vers un *« pouvoir personnel »*, s'y oppose. Jean Foyer envoie Marie-France Garaud en éclaireur, dans les couloirs du Palais du Luxembourg, pour sonder l'état d'esprit des sénateurs. La conseillère ramasse les élus les uns après les autres, comme une paysanne ses carottes. Elle les convainc du bien-fondé de cette Cour de sûreté. Une première version du texte est adoptée. Le tour de force est remarqué en haut lieu. Mais les rebondissements du procès de l'attentat du Petit-Clamart commis contre de Gaulle, qui se tient au début de l'année 1963, conduisent à modifier le projet de loi. Il sera rejeté lors de son nouvel examen au Sénat. Qu'importe, Marie-France Garaud a démontré son habileté. Avoir dressé des chevaux dans sa jeunesse offre quelque assurance dans le maniement des hommes.

III

1967. Encore une fois, Marie-France patiente dans l'antichambre d'un palais de la République. Mais quel palais ! L'hôtel de Matignon est un spectacle, où défilent des hordes de gardes républicains, l'air toujours sérieux avec leur veste à épaulettes rouges. Des huissiers en livrée noire, aussi discrets que serviables, semblent flotter sur le parquet. Le cabinet du Premier ministre, Georges Pompidou, est une ruche. Des dizaines de conseillers techniques s'affairent en tous sens. Matignon se trouve au carrefour de la République ; c'est ici que se joue le quotidien des Français, pas à l'Élysée, où le président de la République ne dispose d'aucune administration à ses ordres. Marie-France Garaud observe le ballet des hommes – il n'y a pas de femmes, ici, à part les secrétaires –, qui remontent à grandes enjambées l'escalier en marbre, suffisamment large pour y faire passer un cheval. C'est au premier étage que se trouvent les bureaux les plus prestigieux, autour de celui du chef du gouvernement. Certains collaborateurs trouvent à les habiller de tapisseries brodées représentant des scènes de chasse, qu'ils ont fait apporter du Mobilier national. Pompidou, lui, se montre plus éclectique. Il fait cohabiter des fauteuils XVIIIe siècle avec les toiles aux couleurs vives d'un Nicolas de Staël.

Pierre Juillet, pour sa part, est du genre à préférer la discrétion d'un bureau au rez-de-chaussée, ouvert directement sur le parc, le plus vaste jardin privé de toute la capitale. Plus pratique pour fuir en cas d'intrusion belliqueuse. Le bras droit de Georges Pompidou, son ami et principal conseiller politique, a besoin de renfort pour manœuvrer les députés centristes, que leur patron, Valéry Giscard d'Estaing, évincé du ministère des Finances il y a un an, entretient dans une posture ambiguë. Le « oui » de rigueur qui devrait accompagner chaque décision du gouvernement est toujours assorti d'un « mais ». Manière de montrer au puissant allié gaulliste qu'il faut compter avec lui. C'est agaçant, à la longue. Georges Pompidou a besoin de petites mains pour lui masser les lombaires. Depuis les élections législatives de mars 1967, qui ont vu la gauche progresser dans les urnes, la majorité dépend des centristes. Le général de Gaulle n'a jamais semblé aussi menacé, une décennie après son arrivée au pouvoir. Un paradoxe, tant le pays a retrouvé la voie de la prospérité.

Marie-France Garaud se présente devant la porte du bureau de Pierre Juillet avec l'espoir au cœur et la crainte au ventre. En avril, Jean Foyer a été sorti du gouvernement après cinq ans de loyaux services. Il fallait apporter un peu de sang neuf. Une femme, Marie-Madeleine Dienesch, a même été nommée secrétaire d'État à l'Éducation nationale à l'occasion du remaniement, c'est dire si le besoin de changement se fait ressentir ! À 33 ans, Marie-France Garaud est sans emploi. Désormais jeune mère de famille, après avoir donné naissance à ses deux garçons, Jean-Yves et Christophe, elle ne veut pas finir mère au foyer. Le président de l'Assemblée nationale, Jacques Chaban-Delmas, a refusé de l'embaucher à son cabinet. Chaban connaît sa réputation, il ne veut pas d'un renard dans sa bergerie. Pierre Juillet représente sa seule planche de salut.

L'entretien d'embauche de Marie-France Garaud ressemble à une mise en condition digne d'un roman d'espionnage. Juillet la laisse venir à lui dans un silence de cathédrale, si ce n'est ses talons qui claquent sur le parquet. Le chargé de mission observe, pensif, les massifs du parc à travers la baie vitrée. Râblé, l'œil vif, le sourcil broussailleux, l'homme est nimbé, à 45 ans, de l'aura d'un pouvoir dont personne ne mesure vraiment l'étendue. Fonds secrets, investitures aux élections, orientation de la politique gouvernementale… Il se dit que tout passe par lui. L'appellation de chargé de mission est suffisamment vague pour que Juillet se permette de fourrer son nez partout. C'est même ce que lui demande Pompidou. Leur estime mutuelle est solide. Ils se connaissent depuis l'après-guerre, du temps du RPF, le Rassemblement du peuple français, parti lancé par de Gaulle en 1947. Selon Pompidou, Juillet est sa *« conscience gaulliste »*. Celui qui connaît par cœur la faune de cet univers peuplé d'ex-résistants et de maquisards.

Marie-France Garaud prend place face à lui. Pierre Juillet marmonne : « *Je vous ai vue à l'œuvre chez Foyer. Je vous crois apte à servir la France.* »

« La France ». L'enfant de la Creuse remâche sans cesse ce mot. La France, il en a épousé les profondeurs depuis sa naissance à Puy-Judeau, hameau perdu au milieu de ce carré du vide formé par Limoges, Clermont-Ferrand, Vichy et Poitiers. Le climat y est rude, et la vie aussi palpitante qu'une nature morte. Pas d'usine, pas d'église, pas de bistrot, pas d'autocar qui passe… La première gare, celle d'Aubusson, se trouve à dix kilomètres. Un bonheur de misanthrope. Juillet ne ressent l'harmonie de l'existence qu'au milieu de son troupeau de moutons. Ses « *porte-laine* », comme il dit. Il est fier d'avoir été le premier à importer en France des black face écossais, une race inconnue jusqu'alors de ce côté-ci de la Manche. Le conseiller s'échappe dès que possible de Paris pour retrouver ses bêtes dans le parc de 130 hectares qui entoure le manoir familial. Son père est enterré là-bas, au pied d'un bouleau.

Juillet appartient au deuxième cercle des gaullistes originels. Il a pris le maquis pendant la guerre, puis rejoint le RPF, rue de Solférino. C'est là qu'il rencontre sa femme, Annick Mousnier, l'une des secrétaires du général de Gaulle. Mais le club des barons du gaullisme, les vrais, les authentiques et certifiés conformes, celui des Jacques Chaban-Delmas, Roger Frey, Michel Debré et Jacques Foccart, ne lui a jamais ouvert ses portes. Ils se montrent méfiants envers cet homme discret et mystérieux. Pierre Juillet en nourrit du ressentiment. Les mauvaises langues rapportent qu'il aurait trafiqué sa fiche de renseignement au RPF pour embellir ses faits de gloire dans la Résistance, ce que démentent ses proches.

L'entente est immédiate entre Pierre et Marie-France. La jeune femme est agréable à regarder, surtout depuis qu'elle a trouvé à habiller sa tonique silhouette de tailleurs Chanel qui deviendront bien vite son uniforme de travail. Mais c'est surtout son autorité naturelle et sa vive intelligence qui la démarquent du commun des mortels. La Poitevine se reconnaît dans la philosophie du Creusois. La grandeur de la France, rien que la grandeur de la France, tout pour la grandeur de la France. L'indépendance nationale ne se négocie pas. L'ordre non plus. Pierre Juillet est fils et frère de préfet ; sa matrice, c'est l'État. Il faut mener les

Français à la baguette, dit-il, « *ce peuple si versatile, qui peut d'un même cœur, à six mois d'intervalle, acclamer de Gaulle après Pétain, et n'avoir aucun remords* ». Les valeurs paysannes valent mieux que les paillettes éphémères du progrès. « *La primauté de la civilisation chrétienne* » aussi. Pour Juillet et Garaud, le déclin du pays se mesure à la hauteur de ces tours de béton qui s'élèvent dans le ciel de Paris et de sa banlieue. Ils sont un peu comme Jean Gabin et Simone Signoret, dans le film *Le Chat* : reclus dans une maison en pierre cernée par les grues et les chantiers.

Pierre et Marie-France, surtout, s'entendent sur leur rôle. L'ombre sera leur théâtre et le viatique de leur survie. L'influence, la seule arme à leur disposition. Pas question d'apparaître sur le devant de la scène. Il est d'ailleurs impossible de retrouver le moindre enregistrement du son de la voix de Juillet, qui n'a laissé filtrer que quelques rares images de son existence publique.

L'entretien touche à sa fin. Le conseiller attrape sa canne à pommeau d'argent, se lève, traverse la pièce en boitant et enfile sa cape noire, qui lui donne un air de corbeau. Marie-France se demande d'où lui vient sa légère claudication de pirate. De son passé de maquisard ? Ou bien de ses années bruxelloises, dans les années 1950, où la rumeur dit qu'il aurait travaillé pour le compte du Sdece, les services secrets français ? *« Des conneries. Un gusse voulait se faire mousser en racontant ça »*, répond Juillet à ceux qui lui attribuent ce passé fantasmé. Et cette manière qu'il a d'économiser ses mots, de laisser s'épaissir le brouillard dans une conversation : que cache-t-elle ? Un pouvoir supérieur au plus puissant des ministres, ou l'art subtil de dissimuler ses faiblesses ?

Pierre Juillet raccompagne sa nouvelle recrue sur le perron de Matignon. Ils se quittent là pour l'instant. *« À demain, pour votre première journée »*, lui glisse-t-il. Marie-France Garaud tourne les talons. Elle ne sait pas encore que son mentor boite à cause d'un simple accident de voiture.

IV

Les chaleurs de l'été s'estompent peu à peu. La foule empressée revient de vacances arpenter les Champs-Élysées, entre les crieurs de journaux et les terrasses de café protégées du soleil par des parasols bariolés. Le drugstore Publicis, nouveau centre commercial, qui arbore une façade de verre à la new-yorkaise, ne désemplit pas, quelle que soit l'heure.

Marie-France Garaud, elle, s'engouffre dans un des nombreux cinémas de la plus belle avenue du monde. Elle veut voir par ses yeux le phénomène dont tout le monde parle dans les couloirs du pouvoir. Le film d'un réalisateur suisse de 37 ans, dénommé Jean-Luc Godard, fait fureur dans les milieux maos, et au-delà. *Les Cahiers du cinéma* ont encensé *La Chinoise*, l'histoire d'une cellule de militants maoïstes qui reproduit dans un appartement bourgeois de l'ouest parisien un laboratoire du marxisme-léninisme. Entre deux exposés dialectiques, ses protagonistes clament tout haut leur envie de poser des bombes dans les universités, ou d'assassiner un dignitaire soviétique pour en faire voir à ces traîtres réactionnaires de l'URSS. Incandescente, l'œuvre de Godard soulève le couvercle de la cocotte-minute universitaire, qui bout en cette année 1967. La compagne du réalisateur d'*À bout de souffle*, Anne Wiazemsky, qui tient le premier rôle, est elle-même étudiante à la fac de Nanterre. Cet ensemble de bâtiments austères, érigés au milieu de la gadoue, entre ville et bidonville, plante les graines de la révolte qui vient.

Marie-France Garaud sort de la salle un peu secouée. Elle hume l'air à pleins naseaux et soupire un grand coup. *« Il y a un petit vent d'orage »*, se dit-elle. Le célèbre éditorialiste du *Monde*, Pierre Viansson-Ponté, raconte que la France s'ennuie. La jeunesse brûle de bousculer les mœurs, et l'aura du général de Gaulle s'émousse. Le mois de mai approche.

**

Enfin de l'action ! La nuit du 10 mai 1968, les CRS ont évacué à coups de matraque les milliers d'étudiants qui montent des barricades depuis plusieurs jours dans le Quartier latin, à Paris. Le pouvoir s'est réveillé avec la ferme volonté d'agir. Les habitants du 5e arrondissement ont soutenu les étudiants en jetant des pots de fleurs depuis leurs balcons sur les forces de l'ordre. Europe 1 et Radio Luxembourg ont retransmis en direct les événements sur leur antenne. Une première. Mais l'ordre a prévalu. Les blessés se comptent par centaines, les interpellations aussi. Un reportage de l'émission « Panorama » consacré aux troubles a été censuré de l'antenne de l'ORTF. Qu'importe si cela doit contribuer à souffler sur les braises de la révolte.

Depuis des semaines, conseillers et ministres tournent en rond, impuissants, dans les bureaux et les couloirs de l'hôtel de Matignon. Plusieurs membres du cabinet dorment sur des lits de camp pour être disponibles nuit et jour. Nanterre s'est soulevée en mars. Paris a suivi. Rien ne semble pouvoir arrêter l'embrasement. De Gaulle tarde à prendre tout cela au sérieux. Il reçoit encore tranquillement Fernandel à déjeuner à l'Élysée. Pendant ce temps-là, les ministres, déboussolés, interrogent Georges Pompidou : *« Que doit-on faire ? »*

Depuis un an, Matignon est devenu le théâtre d'une guerre larvée entre deux clans : Pierre Juillet et Marie-France Garaud d'un côté, Michel Jobert et Édouard Balladur de l'autre. Deux conservateurs contre deux libéraux. Jobert est âgé de 47 ans. Il est directeur du cabinet de Georges Pompidou, vif et sûr de lui. Balladur a 38 ans. Il est chargé des affaires juridiques et sociales, et cache son ambition sous des airs compassés. L'un et l'autre ne sont pas encore très connus sur la scène politique, mais leur influence va croissante. Les « événements », comme on dit, polarisent les positions face au duo Juillet-Garaud.

Pierre et Marie-France ont choisi le camp de la matraque face aux étudiants, qu'ils qualifient de *« trublions »* et *« godelureaux de faculté »*. La crise, selon eux, serait le résultat de la décadence de l'Éducation nationale, trop ouverte aux vents mauvais de la modernité. L'agitation, pensent-ils, est certainement nourrie de l'extérieur par des officines situées de l'autre côté du rideau de fer dans quelque pays de l'Est rouge. Force doit rester à l'État, défendent-ils. Marie-France a souvent une bonne citation sous le coude pour appuyer ses démonstrations. Aujourd'hui, Chateaubriand : *« La liberté qui capitule ou le pouvoir qui se dégrade n'obtient point merci de ses ennemis. »*

Jobert et Balladur, pour leur part, répugnent à ce que soit fait un usage immodéré de la force. L'agitation ambiante est en passe de gagner la province et les usines. Elle a commencé à faire se lever l'oreille des syndicats. Le pouvoir vacillerait de son piédestal si un étudiant mourait sous les coups d'un policier.

Pierre Juillet s'agace de leurs préventions. Il trouve même à Jobert un *« penchant »* pour la *« gauche intellectuelle et pacifiste »*. Édouard Balladur ne vaut pas mieux à ses yeux. Le conseiller se moque quand il passe devant son bureau, en permanence noyé dans la pénombre : *« On a l'impression de déranger un alchimiste cherchant la transmutation des métaux. »*

Georges Pompidou a prévu de s'adresser à la nation lors d'une allocution télévisée, le 14 mai. Une réunion est organisée dans son bureau en présence de Michel Jobert, Édouard Balladur et Pierre Juillet – Marie-France Garaud, elle, est retenue à l'Assemblée nationale. Les mégots s'amoncellent dans les énormes cendriers en pierre dure que Pompidou a fait commander chez le célèbre minéralogiste Michel Cachoux. Les idées jonglent dans la tête de Juillet depuis la matinée. Il n'a pas pris la peine de les coucher sur une note, n'aimant pas écrire, et encore moins laisser de traces. Le chargé de mission veut convaincre le Premier ministre d'opter pour la méthode forte. Lui aussi a une bonne citation dans sa manche. « *En 1848*, lance-t-il, *Tocqueville disait que les étudiants étaient toujours les premiers à susciter des troubles. Ce qui leur attire la sympathie, c'est qu'ils le font avec la fougue et l'insouciance d'un départ en vacances.* » Il convient donc de relativiser la portée du soutien que leur apporte l'opinion. Le pays profond finit toujours par se ranger du côté de l'ordre. Arrivera l'heure de rentrer de vacances.

En temps normal, Pompidou suit les avis de son conseiller. Pierre Juillet est le seul à pouvoir pénétrer dans son bureau sans y avoir été invité et à se mêler de tout ce qui ne le regarde pas. Mais la magie du conseiller se heurte au front de la modération. Georges Pompidou déplore, lui aussi, la coupable « *légèreté française et parisienne* » qui fait se cabrer le pays à l'heure où son économie rayonne. Mais il entend ce que lui disent les étudiants. L'ancien professeur de lycée à Marseille est partagé entre son identité d'enfant du Cantal, conservateur et catholique, et sa modernité d'hédoniste, féru d'art et de grosses cylindrées, qui roule en Porsche et court les soirées chez Patachou, à Montmartre, ou au Tabou, le club des existentialistes, à Saint-Germain-des-Prés, où il aime entendre chanter Juliette Gréco. Ce mondain a épousé depuis longtemps le besoin d'exulter qu'exprime la société. Pompidou a rouvert la Sorbonne et libéré les étudiants condamnés en flagrant délit, afin de calmer le jeu. Il ne veut pas avoir un mort sur la conscience. Le Premier ministre se montre ouvert à la discussion, là où de Gaulle, influencé notamment par son conseiller, le « monsieur Afrique », Jacques Foccart, tient une ligne plus raide. Avec un peu de chance, le temps fera revenir tout le monde à la raison.

Le chef du gouvernement file enregistrer son allocution télévisée. Il embarque avec lui Jobert et Balladur, pendant que Juillet reste sur le pas de la porte, fumasse. « *Pompidou est habité par son vieil esprit universitaire* », grince-t-il.

Marie-France Garaud, de son côté, n'en peut plus de croiser dans les couloirs de Matignon des collaborateurs apeurés. La grève générale a été déclarée. Une grande manifestation syndicale est prévue le 29 mai. Que faire si des éléments incontrôlés franchissent les grilles du parc, même pour un simple déjeuner sur l'herbe ? Les ministres tremblent. « *Il faut que le Général s'en aille du pouvoir !* » glissent certains d'entre eux à Marie-France, qui leur renvoie un regard de mépris : qu'auraient-ils fait en 1940, ces pleutres ? Il n'y a bien que son jeune protégé, Jacques Chirac, le vibrionnant secrétaire d'État à l'Emploi, âgé de 37 ans, qui sache tirer son épingle du jeu dans la période.

Pierre Juillet l'a repéré au sein du cabinet à Matignon, il y a cinq ans. Le conseiller a mesuré en un coup d'œil le potentiel de cet auditeur à la Cour des comptes, tout droit sorti de l'ENA. Chirac, dont la famille est proche de celle de l'avionneur Marcel Dassault, rêve alors de devenir directeur de l'aviation civile ; il collectionne les maquettes de planeurs sur son bureau. Mais Juillet envisage pour lui un autre plan de vol. Georges Pompidou a besoin de sang neuf sur le terrain.

Il l'envoie parmi une flopée de candidats gaullistes, surnommés les *« jeunes loups »*, se faire les crocs sur les élections législatives de 1967 dans des terres de mission du Sud-Ouest tenues par la gauche. Cette belle gueule se révèle être une machine à campagne électorale, qui lisse mieux que personne les joues des bambins et garde en mémoire le moindre détail de la vie d'un électeur, au point de pouvoir reconnaître la croupe d'un taureau croisé dans une foire agricole trois ans plus tôt. Ses collègues conseillers ministériels, qui l'accompagnent parfois dans ses tournées en Corrèze, reviennent à Paris malades d'avoir passé des heures à lever le coude chez l'habitant. Chirac, lui, en redemande. Avec Bernard Pons, dans le Lot, il est le seul des *« jeunes loups »* qui parviendra à se faire élire député.

Le trentenaire a très vite appris l'étymologie du mot *plaçou*, qui désigne, dans le jargon limousin, l'art de dégoter un emploi de complaisance grâce à un appui de haut rang. Cet appui, c'est lui. Une serviette à soufflets sous le bras, il parcourt la capitale pour porter les requêtes de ses compatriotes corréziens, trop heureux de pouvoir compter sur ses bonnes grâces. À ses yeux, la politique est affaire de personnes plus que d'idéologie. Sa plus grande différence avec Pierre Juillet et Marie-France Garaud. Une qualité utile alors que la France est traversée par un conflit social d'une ampleur inégalée depuis des décennies.

Pour tenter d'apaiser la fronde étudiante, qui a gagné le monde du travail, Georges Pompidou veut donner du grain à moudre aux syndicats. Ces derniers doivent jouer le rôle d'amortisseur de la crise. Des négociations sont ouvertes, rue de Grenelle, au ministère du Travail. Le jeune secrétaire d'État à l'Emploi Chirac monte en première ligne. Il est prêt à tout pour Pompidou, qu'il considère comme un père. « *Je ne suis pas gaulliste, je suis pompidolien !* » répète-t-il d'un air finaud. Georges Pompidou s'amuse grassement de cette ardeur : « *Je lui dirais qu'un arbre du parc fait trop d'ombre dans mon bureau que, le lendemain, je le retrouverais abattu !* » Marie-France Garaud voit clair dans son jeu : « *Chirac, c'est un fils adoptif, mais c'est lui qui adopte ses pères.* »

Le 13 mai, il rencontre en secret Henri Krasucki, le bras droit du secrétaire général de la CGT,

Georges Séguy, en vue de préparer les discussions. L'entrevue a lieu dans le cabinet d'un avocat communiste – Chirac évoquera plus tard une simple chambre de bonne. Dehors, l'ambiance est fiévreuse. La grève générale s'est mise en branle : 10 millions de personnes ont arrêté le travail. Le pouvoir a peur d'être renversé ; par crainte de la guerre civile, les chars ont été positionnés à Satory, prêts à l'usage. Chirac, tremblant mais téméraire, se rend au rendez-vous armé d'un revolver. L'atterrissage de la conférence sociale est préparé. Un accord est conclu deux semaines plus tard, le 27 mai : hausse des salaires de 7 %, réduction du temps de travail à 40 heures par semaine, renforcement des droits syndicaux… *« La reprise du travail ne saurait tarder »*, claironne Georges Séguy. Mais le patron de la CGT n'a visiblement plus l'oreille de ses troupes, ni vraiment compris que la révolte ne s'apaisera pas à coups d'espèces sonnantes et trébuchantes : les accords sont rejetés partout. La tension est à son comble. Le pouvoir a peur. Il est faible, si faible… *« Il n'y a plus d'État »*, lance François Mitterrand, qui se dit prêt à prendre le pouvoir.

Le 28 mai, Charles de Gaulle disparaît sans avertir personne, pas même Georges Pompidou, qui ne sait pas où il se trouve. La France retient son souffle. Trois ministres viennent voir le chef du gouvernement pour lui enjoindre de « *balancer* » de Gaulle et le remplacer. Le président de la République met plusieurs heures avant de donner signe de vie. Il s'est échappé à Baden-Baden, à la frontière allemande, pour s'assurer auprès du général Massu du soutien de l'armée, racontera-t-il après coup. Pour soigner le virus de la déprime, aussi, que la révolte française a réveillé en son for intérieur. Pourquoi tant de défiance à son égard, lui qui a donné sa vie au pays ?

Dans la coulisse, Pierre Juillet et Marie-France Garaud apportent un coup de pouce à l'histoire. Cela fait maintenant plusieurs semaines que le député gaulliste Jacques Baumel, qui habite le même immeuble que la conseillère, dans le 17ᵉ arrondissement de Paris, réunit chez lui des parlementaires pour réfléchir à une sortie de crise. L'un d'entre eux, Pierre-Charles Krieg, a émis l'idée d'une grande manifestation de soutien au général de Gaulle sur les Champs-Élysées, le 30 mai. Il faut faire pièce à la gauche, qui parvient à déverser des centaines de milliers de personnes dans la rue depuis un mois. Ses amis tordent le nez : en cas d'échec, c'est la chute assurée. Marie-France Garaud, elle, approuve. Elle téléguide le député Krieg jusqu'à Matignon, où il rencontre Pierre Juillet. Il faut de l'argent pour mobiliser les hommes, les moyens de transport, les affiches… Juillet consent à puiser pour lui dans les fonds secrets de Matignon. Le chargé de mission donne son feu vert à Krieg, sans en référer à Georges Pompidou. Le Premier ministre ne pourra ainsi pas être tenu pour responsable d'une déconvenue.

Le 30 mai, dans la foulée d'un discours à la radio du général de Gaulle annonçant la dissolution de l'Assemblée nationale, une vague de plusieurs centaines de milliers de personnes – un million, diront les gaullistes – déferle sur les Champs-Élysées pour clamer son soutien à l'homme du 18-Juin. Le régime est sauvé.

Georges Pompidou, qui a su tendre l'oreille aux demandes de la jeunesse tout en prouvant sa solidité d'homme d'État, ressort de la tempête auréolé d'une gloire nouvelle. Avec lui, Marie-France Garaud et Pierre Juillet ont trouvé l'héritier du général de Gaulle.

V

Comme tous les matins, Georges Pompidou ouvre son *Figaro* en buvant une tasse de café. La vie est paisible en cet automne 1968. Premier ministre, c'est fini. Il a quitté Matignon il y a quelques mois pour s'installer dans de nouveaux bureaux, boulevard de La Tour-Maubourg, dans le 7e arrondissement de Paris. Plus d'emmerdeurs pour vous apporter leur lot de mauvaises nouvelles et de parapheurs à signer. Plus de ministres pour se disputer un arbitrage sous vos yeux. Plus de De Gaulle sur le dos pour vous écraser du poids de l'histoire. Le bonheur ! En juillet, le normalien a été élu simple député du Cantal. Il soupire d'aise. En apparence seulement.

Si le pays n'a pas été consumé en mai, c'est grâce à lui. En tendant la main aux syndicats, il s'est posé en homme de dialogue. Malgré cela, il a dû quitter le pouvoir. Pas le Général ou un autre. Lui. La victoire des gaullistes aux élections législatives de juin, pourtant, était un peu la sienne ; c'est en tout cas ce qu'ont dit les commentateurs. De Gaulle en a pris ombrage. *« Il paraît, madame, que votre mari et moi avons gagné les élections »*, a-t-il glissé, amer, à Claude Pompidou. Le chêne centenaire n'a pas supporté qu'une ombre grandisse dans son dos. Georges Pompidou, pour sa part, a été meurtri que de Gaulle disparaisse à Baden-Baden sans le prévenir. La confiance, entre eux, s'est rompue. Une fois les élections gagnées, le Premier ministre s'est rendu à l'Élysée pour présenter sa démission, pensant qu'elle serait refusée. Mais le Général l'a acceptée pour le remplacer par Maurice Couve de Murville.

Pompidou se trouve désormais en réserve de la République. Il a embarqué avec lui quelques collaborateurs, boulevard de la Tour-Maubourg. Pierre Juillet et Marie-France Garaud y occupent le même bureau.

Le Figaro rapporte dans ses pages une rumeur concernant *« la femme d'un ancien ministre »*, qui aurait participé à des parties fines avec un certain Stevan Marković. Cet ancien garde du corps d'Alain Delon a été retrouvé mort d'une balle dans la nuque au milieu d'un champ des Yvelines, le 1er octobre, le corps enveloppé dans une housse de matelas. Pompidou esquisse un sourire narquois. Elle est bien bonne, celle-là ! De qui peut-il donc s'agir ? Cette polissonne d'Anne-Aymone Giscard d'Estaing, peut-être ? Ou bien Danielle Mitterrand ? Sa réflexion matinale s'arrête là. Il a plus important à faire.

Poussé par ses conseillers – pourquoi resteraient-ils sinon à ses côtés ? –, Georges Pompidou veut s'imposer comme le successeur naturel de Charles de Gaulle. Lors du déjeuner donné pour son départ de Matignon, il y a quelques mois, André Malraux a levé son verre, taquin et encourageant : *« Monsieur le député du Cantal, je bois à votre destin ! »* En petit comité, l'intéressé a prévenu ses collaborateurs : *« Je reviendrai. »* La prochaine élection présidentielle est prévue en 1972. C'est long, quatre ans.

Chacun trouve à s'occuper à La Tour-Maubourg, dans ce vaste appartement bourgeois loué par le ministre de l'Intérieur, Raymond Marcellin, resté proche de Pompidou. Michel Jobert et Édouard

Balladur se chargent d'écluser le courrier et de recevoir les visiteurs qui demandent audience au maître des lieux ; il se trouve encore quelque courtisan pour ne pas insulter l'avenir. Anne-Marie Dupuy, son ancienne cheffe de cabinet, monte la garde devant son bureau. Cette quinquagénaire aux allures bonhommes ne paye pas de mine, mais elle a servi comme ambulancière en Afrique du Nord pendant la Seconde Guerre mondiale. Dupuy est surtout une fidèle de longue date du couple Pompidou – elle a connu monsieur à la banque Rothschild comme cheffe du personnel, à l'époque où il en était le directeur. Pierre Juillet et Marie-France Garaud ont rapidement compris l'intérêt de s'en faire une alliée.

Les deux comparses parcourent la capitale à la rencontre de tout ce que le gaullisme en particulier et la droite en général comptent de représentants. Ils s'accoudent aux zincs des bistros, à écaler des œufs durs tout en tâchant de convaincre les députés de se ranger derrière Pompidou. Il faut profiter du souffle de Mai 68.

La conseillère éprouve une forme de frustration ; elle n'est restée qu'une grosse année à Matignon. Pas suffisant pour apparaître comme une fidèle de Georges Pompidou. À 34 ans, la Poitevine fait preuve de dynamisme et de loyauté, mais elle n'est pas encore incontournable. Le grand homme l'intimide. Avant de frapper à la porte de son bureau, il lui arrive de se repoudrer le nez trois fois. Marie-France tient son autorité de sa relation à Pierre Juillet. Le père, le mari, l'alter ego… Il est toujours un homme pour vous cornaquer dans la vie. Mais la Poitevine ne s'en plaint pas. Le moment est bientôt venu de démontrer sa valeur.

**

La Toussaint est passée. Comme tous les matins, Georges Pompidou a lu la presse et bu son café. Un homme demande à le voir : Jean-Luc Javal, un de ses anciens conseillers à Matignon. C'est Pierre Juillet qui lui a conseillé de venir. Ce mondain aime courir les salons du Tout-Paris ; il n'est pas une rumeur ou une disgrâce qui échappe à ses oreilles, ce qui le conduit parfois à jouer les oiseaux de mauvais augure. Georges Pompidou l'invite à s'asseoir.

« Que puis-je pour vous, Javal ? demande-t-il.

– *Monsieur le Premier ministre, il faut que vous sachiez quelque chose que personne n'ose vous dire*, lui lâche son ex-conseiller, le teint blême. *La femme d'un ancien ministre dont tout le monde parle à propos de l'affaire Marković, c'est votre femme, et ce que je puis vous assurer, c'est que, dans les dîners en ville, dans les salles de rédaction, il n'est question que de cela.* »

Georges Pompidou est abasourdi. Le scandale, pour l'instant limité à la rumeur du microcosme parisien, menace de prendre une tout autre ampleur. Stevan Marković, l'homme à tout faire d'Alain Delon – il s'est éloigné du clan après une liaison avec Nathalie, la femme de l'acteur –, organisait des parties fines pour le gratin parisien. Personnalités du monde du spectacle, de la chanson, ou bien figures politiques… Sa mort, commence à raconter la presse, pourrait bien ne pas relever du simple fait divers crapuleux. Marković, dit-on, prenait en photo les partouzes qu'il organisait. Il avait de quoi faire chanter le premier venu. Aurait-il été éliminé pour tuer dans l'œuf un potentiel scandale ? La rumeur désigne un homme, Georges Pompidou, qui aurait cherché à étouffer la participation de sa femme à ces orgies sexuelles. Une telle affaire de mœurs abattrait son ambition présidentielle. Mais il y a un hic, de taille : tout est faux. Contrairement à ce que laissent suggérer certaines photos qui circulent sous le manteau – des montages grossiers –, Claude Pompidou n'a jamais participé à ces parties fines.

Son mari est au comble du désespoir. Il vient de se prendre un trente-trois tonnes dans le buffet. Depuis plusieurs semaines, le Tout-Paris se moque de lui dans son dos. Dans celui de Claude, surtout, son épouse bien-aimée, cette grande liane blonde aux yeux écarquillés, qui n'a jamais supporté la violence du monde politique. À 56 ans, Claude rêve encore de fuite avec son mari. En particulier depuis qu'il a quitté Matignon. Elle voudrait retrouver l'insouciance de leurs jeunes années marseillaises, quand Georges enseignait au lycée Saint-Charles, ou bien la légèreté de l'époque où il dirigeait la banque Rothschild. Les amis, les sorties, les expositions… Tout, sauf les palais de la République.

Claude doit être préservée. Pas un journal n'entre dans leur appartement du quai de Béthune, sur l'île Saint-Louis. Pompidou craint que sa femme ne soit poussée au suicide. Mais le poison de la rumeur se répand par les dessous de porte… Cette sportive à la santé de fer, jamais malade d'ordinaire, développe un zona. Georges Pompidou, lui, souffre d'une névrite au bras.

La folle mécanique du soupçon est enclenchée. Un détenu de la prison de Fresnes, un dénommé Akov – yougoslave, comme Marković –, assure aux enquêteurs avoir bel et bien vu Claude Pompidou participer à ces folles soirées. Le journal d'extrême droite *Minute*, proche de certains milieux policiers, se délecte de l'affaire ; il multiplie les articles truffés de sous-entendus et de révélations plus ou moins solides. Le monde politique ne parle plus que de ça. André Marguenaux, flic et ami de Georges Pompidou, a eu entre les mains les fameuses photos qui incrimineraient Claude. Elles se distribuent sous le manteau, place Pigalle ou à la Madeleine. Il se raconte que les sbires du Sdece, les services secrets français, les feraient circuler dans la capitale… Marguenaux a rassuré l'ancien Premier ministre : leur fausseté est évidente. La tête de Claude y est grossièrement collée sur le corps de prostituées. Mais le mal est fait.

Georges Pompidou fulmine. Il voit bien que le pouvoir ne lève pas le petit doigt pour empêcher ce qu'il considère comme un complot politique. Bien au contraire. Au sommet de l'État, tout le monde est informé de la situation : le Premier ministre, Maurice Couve de Murville, le ministre de l'Intérieur, Raymond Marcellin, et celui de la Justice, René Capitant, farouche contempteur de Pompidou. L'Élysée, bien sûr, n'ignore rien du scandale. Le général de Gaulle pourrait balayer toute cette affaire d'un simple revers de main, mais il n'en fait rien. Personne, au sein de l'exécutif, n'a daigné informer Pompidou du trouble dans lequel il est plongé. La question a pourtant agité une séance du Conseil des ministres… Il est seul. Quelques semaines avant que Javal ne se présente face à lui, un agent du Sdece était venu boulevard de La Tour-Maubourg pour tenter de le prévenir de l'existence de la rumeur. A-t-il agi de son propre chef, ou sur ordre de sa hiérarchie ? Anne-Marie Dupuy, qui montait alors la garde devant le bureau de son patron, ne l'a en tout cas pas pris au sérieux. « *C'est complètement fou ! Si vous avez des photos, j'en parlerai à M. Pompidou* », s'est-elle alors agacée. Les clichés ne viendront jamais. Son erreur fera perdre de précieuses semaines à Pompidou.

Marie-France Garaud, elle, se jette sur l'affaire comme une lionne. La conseillère sait reconnaître une machination quand elle en voit une : on veut abattre le successeur du Général ! De premiers bruits commencent à lui remonter de province ; les noms de Marković et Pompidou se conjuguent dans toutes les conversations. Il faut agir vite et bien.

Garaud met à profit ses années passées au ministère de la Justice chez Jean Foyer ; elle y a gardé de nombreux contacts. La porte de devant est tenue par le garde des Sceaux, René Capitant, un gaulliste de gauche, qui voue une haine farouche au conservateur qu'est Georges Pompidou. C'est lui qui a autorisé l'inscription du nom de l'ancien Premier ministre dans le dossier de l'enquête menée par le juge René Patard – une décision prise sur la simple foi des propos du détenu Akov, pourtant guère crédible. Marie-France Garaud doit donc passer par la porte de derrière. Elle a heureusement un appui de grande valeur au sein de la maison : le directeur du cabinet du ministre, Pierre Arpaillange. Ce dernier porte une affection toute particulière à la Poitevine. Du temps de Matignon, Georges Pompidou s'amusait de le voir lanterner pendant des heures dans les couloirs avant de pouvoir s'entretenir avec la conseillère. « *À chaque fois que je sors de mon bureau, je vois Arpaillange, ce n'est pas possible !* » s'esclaffait-il.

Les différentes étapes de la procédure remontent grâce à lui à La Tour-Maubourg. Le juge Patard semble plus préoccupé à l'idée de mettre en difficulté l'ancien Premier ministre que de retrouver le meurtrier de Marković. Il a même envoyé des policiers interroger une directrice d'agence immobilière à Saint-Tropez, bien connue du couple Pompidou. Ces derniers y louent une villa chaque année. Cette dame, selon le magistrat, aurait des « *mœurs spéciales* », car lesbienne. Pompidou s'émeut de cette traque aux relents d'Inquisition. « *La nature humaine est ce qu'elle est. J'aurais été ravi et honoré d'être l'ami de Proust ou de Gide* », réplique-t-il.

Marie-France Garaud, de son côté, écume Paris et sa banlieue à la recherche d'informations permettant de dédouaner son patron. La conseillère se rend jusque dans la villa de Montfort-l'Amaury, dans les Yvelines, où les partouzes auraient eu lieu. Instruite des vices de la politique, elle évite à Pompidou de commettre d'énormes bévues. « *Vous recevez Jean-Baptiste Biaggi, l'avocat d'Alain Delon ?* s'étrangle-t-elle un jour en regardant son agenda. *C'est une très mauvaise idée !* » Si la presse est au courant, la confusion grimpera à coup sûr. Le rendez-vous avec le sulfureux avocat, proche de l'extrême droite et de l'OAS, est annulé. La conseillère poste un garde devant l'immeuble de La Tour-Maubourg, au cas où le fâcheux viendrait malgré tout et qu'un photographe se trouve dans les parages. Georges Pompidou se félicite de la célérité de sa collaboratrice. « *Elle est d'une efficacité extraordinaire* », loue-t-il, reconnaissant. La conseillère est en train de gagner ses galons de général quatre étoiles du pompidolisme.

L'ancien Premier ministre mène une guerre sourde à la rumeur. Il reçoit les journalistes à tour de bras pour démonter l'affaire pièce par pièce, et fait le tour des dîners en ville, avec Claude, pour afficher une image de sérénité. Certains de ses amis s'activent aussi, à commencer par Jacques Chirac. Toujours membre du gouvernement comme secrétaire d'État à l'Emploi, il passe presque tous les jours voir son mentor à

La Tour-Maubourg. Ardent et sans limites, Chirac ne rechigne jamais à lui venir en aide. Un matin, alors que France Inter relaye à l'antenne le fait que deux avocats réclament la convocation devant la justice du couple Pompidou, Chirac décroche son téléphone pour passer un savon à son collègue du gouvernement, Joël Le Theule, secrétaire d'État à l'Information. Il aurait intérêt à mieux tenir « ses » journalistes !

Les semaines passent ; les nuages de l'affaire s'éloignent progressivement. Georges Pompidou peut souffler. Mais ce bon vivant a perdu de sa gaieté durant ces mois de tourmente. Il a rédigé une liste sur une fiche bristol, glissée à l'intérieur de sa veste ; elle contient les noms de ceux qui se sont montrés coupables à ses yeux de l'avoir traîné dans la boue, ou simplement complices, par leur silence, de cette tentative d'assassinat politique. Il la gardera jusqu'à la fin de ses jours.

Le chemin vers le pouvoir est désormais dégagé. Vise-t-il l'Élysée, lui demande-t-on ? *« J'aurai, peut-être*, répond-il, *et si Dieu le veut, un destin national. »*

VI

La voix aiguë et les râles de Jane Birkin, 22 ans, donnent la chair de poule aux amoureux, qui vont et viennent, en cette année 1969, au rythme de « Je t'aime moi non plus », composé par son amant Serge Gainsbourg. Les radios italiennes, suédoises et espagnoles ont interdit la diffusion du morceau, trop sexuel, trop sensuel. Pas la France, où la censure lâche un peu de lest depuis un an. Le titre, de toute façon, correspond trop bien à la relation qu'entretient le général de Gaulle à ses compatriotes depuis près de deux décennies.

Ce 27 avril 1969, la réplique du séisme de Mai 68 vient de frapper le chef de l'État : il a perdu « son » référendum sur la régionalisation et la réforme du Sénat. La question n'était pas tant de savoir si les Français approuvaient cette révision constitutionnelle, mais de lui donner un blanc-seing. Stop ou encore ? La réponse est nette : 52,4 % des Français disent « non » à de Gaulle. Il en tire les conséquences dès le lendemain en se retirant du pouvoir après onze ans de règne. La Ve République est orpheline. Elle a moins de deux mois pour se trouver un successeur.

Il faut se figurer ce qu'est le paysage de la droite en cette période charnière, un véritable bestiaire d'anciens résistants, qui vous exhibent leurs faits de gloire auprès du Général comme d'autres leurs tatouages. Il y a ceux qui, comme Michel Debré, Pierre Messmer, Jacques Chaban-Delmas ou Roger Frey, cumulent les honneurs de la guerre et de la politique. Et ceux, comme Georges Pompidou, qui sont restés à la vie civile entre 1940 et 1944, mais ont ensuite accompagné de Gaulle dans toutes les étapes de son parcours depuis la Libération. Réfractaire aux partis, ce dernier a laissé ses camarades animer pour son compte un mouvement devenu au lendemain des événements de Mai 68 l'UDR, Union pour la défense de la République. Une formation habituée à occuper le pouvoir depuis 1958 et à soutenir son chef sans états d'âme. C'est elle qui place sur une rampe de lancement la candidature de Georges Pompidou pour l'élection de 1969. L'homme du Cantal a pour lui la légitimité de six années d'exercice du pouvoir à Matignon.

Face à lui, Valéry Giscard d'Estaing, qui a passé quatre ans au ministère des Finances, fait préparer des affiches. Il a des fourmis dans les jambes et ambitionne de porter haut les couleurs de son parti centriste, les Républicains indépendants. Un mouvement allié aux gaullistes, mais qui charrie en son sein de farouches contempteurs du Général, coupable à leurs yeux d'avoir laissé l'Algérie obtenir son indépendance. Certains groupuscules d'extrême droite, comme Ordre nouveau, placent d'ailleurs leurs militants comme petites mains des campagnes giscardiennes. Mais l'Auvergnat, âgé de 43 ans, renonce à la dernière minute à se présenter : trop tôt, trop jeune, trop tendre.

De son côté, le président du Sénat, Alain Poher, qui se plaît dans ses habits de président de la République par intérim, déclare sa candidature à la tête des démocrates-chrétiens du Centre démocrate. Il représente la menace la plus sérieuse pour Pompidou, qui n'a pas grand-chose à craindre, en revanche, du communiste Jacques Duclos ou du socialiste Gaston Defferre, eux aussi lancés dans la course.

Mais l'ancien locataire de Matignon ne parvient pas à faire l'unité de son camp d'un coup de clairon. Le ministre de la Justice, René Capitant, songe à se présenter pour lui barrer la route. De Gaulle lui demande de s'abstenir. Il ne veut pas voir ses héritiers se déchirer.

Retiré en Irlande, le grand homme rumine son divorce avec les Français. Il ne concédera pas le moindre signe de soutien à Pompidou. Pendant la campagne sur le référendum, son ancien bras droit a brillé par son absence, regardant en silence les Français dévisser les boulons de la statue du Commandeur. Les stigmates laissés par Mai 68 dans leur relation restent bien visibles.

Les bureaux de Pompidou, boulevard de La Tour-Maubourg, se sont transformés en siège de campagne. Le candidat reçoit chaque semaine les responsables de l'UDR et des Républicains indépendants, afin d'élargir son socle vers le centre. Chaque réunion d'état-major est prétexte à sortir une bonne bouteille de whisky. Pierre Juillet gère les finances de la campagne, en tandem avec Jacques Chirac. Jacques Foccart, le tout-puissant conseiller Afrique du Général, s'est également mis au service de la candidature Pompidou. Le SAC (Service d'action civique), la police parallèle gaulliste qu'il a fondée, aussi. Marie-France Garaud, elle, entretient les réseaux politiques du candidat parmi les parlementaires. Elle distribue par ailleurs quelques coups.

La conseillère a eu vent d'un sondage, qui circule sous le manteau, donnant Alain Poher en tête. Une catastrophe. Elle veut empêcher sa publication.

Garaud se rend au très chic Polo de Paris, dans le bois de Boulogne, où elle est sûre de trouver le patron de l'IFOP, Roland Sadoun, qui passe ses journées au « *cercle* », comme disent ses adhérents. Un lieu où la courtoisie est de mise. C'est mal connaître la conseillère, qui fond sur sa proie, affalée dans un canapé. « *Vous auriez intérêt à retenir la publication de ce sondage. N'oubliez pas que vous parlez à la conseillère du futur président de la République !* » avertit-elle, le doigt pointé sur Sadoun. Mais le sondeur résiste : son enquête, répond-il, a été payée. Il se doit d'honorer la commande. Garaud s'emporte : « *J'espère que vous tomberez, que vous prendrez une balle dans l'œil !* »

Sadoun, estomaqué, la regarde tourner les talons et s'en aller d'un pas décidé. La politique est un milieu violent, et Marie-France sait en manier les codes à merveille.

La conseillère est prête à tous les stratagèmes pour promouvoir la candidature de son champion. Une biographie de Pompidou, signée Gérard Aubray, sort en librairie à quelques semaines du scrutin. L'ouvrage, qui fourmille de détails et de photos, ouvre une fenêtre sur l'intimité de l'ancien Premier ministre, cet *« homme du commun »*, comme il se définit lui-même, qui a *« le pied solidement posé dans la terre paysanne »*. L'outil de communication est réussi, mais le monde de l'édition comme de la presse s'interroge : qui est donc ce Gérard Aubray, auteur jusque-là inconnu ? Nul ne connaît son visage, ni le son de sa voix. Il ne se déplace pas dans les librairies ou à la radio pour faire la promotion de son livre. Le voile sur ce mystère ne sera levé que des années plus tard : Aubray n'existe pas. Le texte a été écrit par les conseillers de Georges Pompidou, au premier rang desquels Pierre Juillet et Marie-France Garaud.

Leur candidat s'est positionné dans cette campagne comme une version renouvelée du général de Gaulle. Un pari gagnant. Le 15 juin 1969, il l'emporte dans un fauteuil au second tour face à Alain Poher avec 58 % des voix. C'est la liesse à La Tour-Maubourg. Le champagne est débouché. La famille gaulliste se congratule autour de petits fours préparés par Lenôtre.

Quatre jours plus tard, l'équipe se retrouve à l'Élysée pour la cérémonie d'investiture du nouveau chef de l'État. La fête est retransmise en direct à la télévision. Comme le Général avant lui, Georges Pompidou enfile le collier de grand-croix de la Légion d'honneur sur la lourde moquette rouge du palais. Dans l'assistance, les femmes se comptent sur les doigts d'une main. Il est facile de les repérer : le protocole les oblige à porter un chapeau. Anne-Marie Dupuy se tient debout, fière, non loin d'Édouard Balladur, de Michel Jobert et de Pierre Juillet. Les mamelouks du nouveau président triomphent. Les voilà promus au plus haut niveau de l'État.

Marie-France Garaud, elle, n'apparaît pas à l'image. La conseillère préfère se tenir loin des caméras. La plus grande force du diable, c'est de faire croire qu'il n'existe pas.

VII

Les huissiers de l'Élysée pouffent derrière les rideaux. Ils n'ont jamais vu une chose pareille. Tous les matins, quand elle arrive au palais, Marie-France Garaud pose son sac à main en évidence sur le guéridon devant l'entrée de son nouveau bureau. Une manière de marquer son territoire. La conseillère exhibe son Chanel comme une lionne montrerait les crocs. Des feutres, des manteaux de laine ou en peau de mouton retournée, des serviettes en cuir, ça, les petites mains du palais présidentiel en ont vu passer par dizaines, ces dernières années, habituées à ce que les lieux restent la chasse gardée des hommes. L'intrusion d'une femme dans ce milieu ne peut que soulever les railleries. Vous voulez savoir où se trouve

Marie-France ? Cherchez son sac à main ! plaisantent ces messieurs.

Georges Pompidou a nommé la Poitevine conseillère politique dès le lendemain de son élection, en juin 1969. La jeune femme règne, à 35 ans, sur un véritable empire. Face à n'importe quel ministre ou député, elle représente désormais le nouveau président de la République. Personne ne songe à remettre en cause sa parole, ou à se demander si elle porte un agenda personnel. Ses phrases commencent toutes de la même manière : *« Le président pense que… »* Il n'y a pas de plus formidable laissez-passer.

Les services de l'Élysée l'ont laissé installer son bureau dans l'ancienne salle du Conseil des ministres, au premier étage du palais. Celui du chef de l'État se situe à deux portes de là ; la conseillère n'a qu'à traverser la salle des aides de camp, où travaille la cheffe de cabinet, Anne-Marie Dupuy, pour se retrouver face à Pompidou. Marie-France Garaud est censée partager les lieux avec Pierre Juillet – personne n'aurait songé à les séparer –, mais ce dernier n'y passe qu'en coup de vent. Il vit la moitié du temps dans la Creuse, et l'autre dans un appartement au dernier étage de l'Élysée, autrefois occupé par le chef d'état-major particulier de Charles de Gaulle, le général André Lalande. La conseillère a donc toute latitude pour décorer le bureau à son goût. Elle y expose des petites tortues en bois, souvenir d'un voyage en Thaïlande, qui se reproduisent à vitesse grand V : croyant lui faire plaisir, ses visiteurs lui en rapportent de leurs pérégrinations.

L'ascension de Georges Pompidou offre à Pierre Juillet un rôle éminent au sommet de l'État. Chargé de mission auprès du président de la République, le Creusois ne s'occupe, selon ses attributions officielles, que des chasses présidentielles. Il n'est pas question pour lui d'apparaître de manière trop visible sur l'organigramme du palais, ou d'être tenu par une quelconque attache. Mais, en réalité, l'ancien maquisard a tout d'un grand vizir. Tous les mois, les membres du cabinet défilent face à lui pour raconter l'état d'avancement de leurs dossiers. *« Alors, qu'avez-vous fait depuis la dernière fois ? »* leur demande-t-il en tirant sur sa bouffarde. *« Si Juillet un jour s'en va, je n'ai plus personne »*, a coutume de dire Georges Pompidou. Le président est dépendant de ses connexions gaullistes et de sa connaissance de l'administration. Pierre Juillet tire quelque arrogance de la situation. « *Dans ce cabinet, en fait, je suis le seul gaulliste. Les autres, ce sont des technocrates* », assure-t-il au journaliste Jean Mauriac, le seul représentant de la presse à avoir pu réellement approcher le général de Gaulle.

Marie-France Garaud est à la fois son double et son âme damnée. Un pacte tacite les lie ; leur influence se partage. Pierre échafaude des plans que Marie-France met à exécution. Féru d'histoire plus que de littérature, le Creusois préfère la solitude du cabinet de réflexion au raffinement de la conversation. Tout le contraire de la conseillère, qui adore tirer les fils de la psychologie des hommes.

Les deux compères sont de tous les déjeuners politiques du président de la République. Ministres, parlementaires, dirigeants de la majorité… Les cuisines du pouvoir n'ont pas de secrets pour eux. Pierre Juillet et Marie-France Garaud sont les yeux, les oreilles et la voix de Georges Pompidou en ce bas monde. Jamais un tel duo n'a été vu à l'œuvre à l'Élysée. Leurs noms deviennent indissociables dans les conversations. Parler à l'un revient à se confier à l'autre, et inversement. Un brouillard de mystère les enveloppe, à tel point qu'il est impossible de déterminer lequel d'entre eux peut être l'auteur, un jour, d'un bon mot, un autre d'une initiative vengeresse. Marie-France Garaud et Pierre Juillet composent une symbiose parfaite. La rumeur glose, d'ailleurs, sur la véritable nature de leur relation. Untel rapporte que Marie-France aurait été aperçue un jour en robe de chambre dans l'appartement de Pierre. Un autre vous soutient les yeux dans les yeux que ces jumeaux du pouvoir sont en fait deux amants. Un troisième, qui les connaît mieux que personne, vous jure qu'il n'en est rien… La présence d'une femme dans ce monde d'hommes éveille des réflexes d'autoprotection chez ces messieurs : si elle réussit selon eux, c'est forcément parce qu'elle est parvenue à charmer un protecteur bienveillant. Ce serait méconnaître Marie-France Garaud, qui n'a pas besoin de ça. Sa volonté écrase les résistances.

**

À la Belle Époque, la comtesse de Noailles recevait l'élite des arts et des lettres dans son salon.

André Gide, Paul Valéry, Colette ou Edmond Rostand se pressaient à son côté, pour écouter sa conversation, ou y rencontrer quelque personnage considérable. Dans la France du début des années 1970, Marie-France Garaud recompose le même environnement à l'Élysée. L'élite politique de la Ve République fait la queue devant la porte de la conseillère de Georges Pompidou pour participer à ses célèbres apéritifs. C'est l'endroit où il faut être pour s'informer de la rumeur du monde et tisser des réseaux. Là où l'on vient s'amuser, autour d'un whisky ou d'un Fernet-Branca, cette liqueur au goût amer que Marie-France réserve à son chouchou, Edgar Faure, ancien président du Conseil sous la IVe République, qu'elle tient pour l'homme politique le plus doué de sa génération. *« Ça remonte le président ! »* clame-t-elle d'un ton de tenancière en le resservant. La conseillère amuse l'assistance avec ses formules de paysanne héritées de sa jeunesse. Ses réparties fusent. Les plus peureux baissent la tête pour ne pas avoir à subir ses saillies, pendant que Pierre Juillet s'assied dans un coin, quand il est là. Il observe, écoute et parle peu.

Tout le monde se bat, ministres ou parlementaires, pour gagner son carton d'invitation. On se croirait chez Castel, les mannequins en moins. Georges Pompidou passe une tête tous les lundis, le moment le plus prisé de la semaine. Le visiteur sait qu'il ne doit pas se laisser charmer par ces joueurs de flûte que sont Pierre et Marie-France. D'abord prudent, il rejoint la farandole, tenu par la ferme intention de ne pas se laisser envoûter ; mais les minutes passent, les verres aussi, et il ressort souvent de là grisé, délesté d'une information, ou l'esprit embrouillé par les tours de passe-passe de ces mages noirs du pouvoir. Le piège est connu. Il est délicieux d'y succomber.

**

Le nouveau président de la République s'est rapidement fait à la vie de château. Sa gourmandise pour les arts et la bonne chère ne se dément pas. La Comédie-Française ou le Théâtre national de l'Opéra viennent animer ses soirées à l'Élysée. Drames, ballets… Le couple Pompidou goûte à tous les divertissements. Pour complaire au chef de l'État, auteur d'une anthologie de la poésie française, le service du protocole lui organise des *« promenades poétiques parmi les grands auteurs français »* en compagnie de comédiens renommés. La légèreté frappe aussi à la porte. Feydeau, Marivaux… Un soir, Louis de Funès, recordman des fréquentations en salles depuis *La Grande Vadrouille*, vient en personne interpréter sa pièce à succès, *Oscar*, qu'il joue au théâtre du Palais-Royal.

Marie-France Garaud profite de ces mondanités, où Georges Pompidou se plaît à mêler conseillers et amis. Il embarque parfois son cabinet à la Cinémathèque, quand les derniers films en vue ne sont pas directement projetés dans la salle qu'il a fait construire au sous-sol de l'Élysée. Mais ce dont Marie-France raffole avant tout, ce sont les chasses présidentielles. Rien de tel qu'un tableau de sangliers, de cerfs ou de faisans au petit matin pour la mettre en joie, à l'heure où la rosée perle encore sur les feuilles des arbres. La camaraderie, la glaise sous les bottes, les banquets dans des fermes bardées de trophées de chasse lui rappellent son Poitou natal. La conseillère est comme Georges Pompidou ; elle aime tirer pour tuer, le petit ou le grand gibier. Pierre Juillet, lui, fait toujours exprès de viser trois mètres au-dessus des bêtes.

Il y a les chasses de Marly et de Rambouillet, bien sûr, mais la grande affaire de Garaud et Juillet, c'est le château de Chambord, joyau de la Renaissance ceint du plus grand parc clos d'Europe. *« Chambord a été fait pour la chasse, l'amour et la politique »*, racontent-ils. Les chefs d'État étrangers, les grands patrons et les ministres en vue rêvent de participer à ces battues très « select », où pullulent cerfs et sangliers. La conseillère, qui arrive bien souvent sur le domaine au volant d'une de ces belles et vieilles cylindrées qui arborent sur le coffre une roue de secours, impressionne les hommes par son élégance. Finement gantée, coiffée d'un feutre ou d'une toque, elle enfile son manteau à capuche fourrée et se mêle avec chaleur à ses compagnons de chasse. Au plaisir de la terre s'ajoute celui de côtoyer les puissants.

Les deux conseillers ont fait le tour des administrations pour récolter de l'argent afin de rénover le domaine. Plus le ministre se montre généreux, plus il a de chances de gagner une invitation. Ils ont réussi à convaincre Georges Pompidou de centraliser la direction de Chambord, jusque-là éclatée en plusieurs baronnies, et de l'utiliser comme un instrument de pouvoir. Pierre Juillet, propriétaire dans le civil d'une concession Land Rover, a fait équiper le château de quatre superbes véhicules pour transporter les invités sur les routes accidentées du parc. Le président apprécie les lieux, au point d'y avoir fait construire un petit relais de chasse, la Thibaudière. Là où se casse la croûte une fois les chargeurs vidés. Là où se concentre l'essence du pouvoir.

VIII

Jacques Chirac s'active. Comme tous les soirs, le secrétaire d'État aux Finances prépare le plateau de whisky pour les invités de Pierre Juillet et Marie-France Garaud. À 37 ans, l'ancienne petite main de Georges Pompidou à Matignon ne raterait pour rien au monde l'un de ces apéritifs qui font la réputation des conseillers. Leur bureau est devenu sa deuxième maison.

Le duo l'a chargé de surveiller le ministre des Finances, Valéry Giscard d'Estaing, nommé au lendemain de l'élection du président, en 1969. Le centriste manifeste trop d'ambition pour être tout à fait honnête. Chirac doit leur rapporter ses moindres faits et gestes. Mais l'intelligence limpide et la capacité de séduction de l'Auvergnat impressionnent son jeune collègue, de six ans son cadet, qui faillit à sa mission au bout de quelques semaines. « *Giscard s'est mis son gardien dans la poche* », souffle Marie-France Garaud, dépitée.

Un autre séducteur de ménagères, au sourire de star de magazine, l'inquiète encore plus : le Premier ministre, Jacques Chaban-Delmas.

Ce héros de la Résistance, âgé de 54 ans, a été nommé à Matignon par Georges Pompidou pour s'assurer du soutien des barons du gaullisme, mais aussi des radicaux et des centristes, qui l'apprécient. Le maire de Bordeaux est du genre souple dans ses bottes ; il est tantôt dépeint en « *gaulliste radical* », tantôt en « *radical gaulliste* ». Tout sauf un doctrinal, donc. C'est bien le problème.

Chaban a commis le pire des crimes de lèse-majesté dès le mois de septembre 1969, trois mois après l'arrivée au pouvoir de Pompidou. Il s'en est allé promettre aux Français, lors de son discours de politique générale, une « *nouvelle société* » sans prévenir l'Élysée de ses intentions. La dernière version du texte, écrite dans la nuit par son conseiller Yves Cannac, n'a pas été envoyée à Pompidou. Il aura fallu que le président dépêche lui-même un motard à Matignon pour en récupérer une copie à quelques heures de l'échéance. Trop tard.

Selon Chaban, il ne suffit plus de promettre la croissance, une deuxième voiture pour chaque foyer et le soleil en famille au Cap d'Agde l'été. Les Trente Glorieuses ont connu un tournant avec Mai 68. Le nouveau Premier ministre veut faire respirer la société, libérer l'étau qui enserre l'information et tenir compte de la volonté de la jeunesse de prendre son avenir en main. Jacques Chaban-Delmas promet d'engager le pays *« à fond dans la voie du changement »* et du dialogue social. En théorie, l'article 20 de la Constitution lui offre toute latitude pour déterminer et conduire la politique de la nation. Mais il oublie que la légitimité du pouvoir se trouve à l'Élysée : c'est Georges Pompidou que les Français ont élu, pas lui. Marie-France Garaud a le Premier ministre dans le nez. *« Il ne se soucie pas de savoir si ses initiatives sont compatibles avec les choix du président*, s'agace-t-elle. *Il fait preuve d'un incroyable manque de sérieux ! »*

La situation est d'autant plus préoccupante que les journalistes se laissent avoir par le charme de cet ancien confrère, qui a eu avant-guerre une brève carrière dans la presse financière. Champion de rugby, de tennis, Chaban est un bel homme, tonique, qui aime se faire filmer en train de faire son footing avec ses gardes du corps, là où Pompidou promène sa bonhomie d'un pas tranquille. N'était sa voix, aiguë et nasillarde, qui en fait un orateur complexé, le Premier ministre a tout pour plaire. Marie-France Garaud le soupçonne de rêver à la prochaine élection présidentielle.

La chasse au Chaban est ouverte au bout de quelques mois. Georges Pompidou fait connaître son mécontentement dans tout Paris. « *Le Premier ministre a le défaut de vouloir être aimé des Français* », souffle-t-il. Il serait paresseux, raconte le président, incapable de tenir une réunion correctement ou de savoir rédiger un compte-rendu technique. Le chef de l'État, lui, estime avoir fait la preuve de son sérieux pendant ses six années passées à Matignon. « *Pompidou est un paysan, lent, qui hésite, qui réfléchit et qui fonce quand il a choisi* », résume Pierre Juillet. Le président s'agace au point de rapatrier à l'Élysée des arbitrages entre ministres qui se règlent en temps normal à Matignon.

Pierre Juillet et Marie-France Garaud pestent contre les influences de gauche qui orientent selon eux Jacques Chaban-Delmas. Chacun a noté que son discours de politique générale empruntait aux travaux du club Jean-Moulin, un cercle de réflexion de la gauche non communiste dont est issu Jacques Delors, son principal collaborateur. *« Enlevez Delors à Chaban, il n'est plus rien… »*, grince Marie-France. Ce militant de la CFDT aurait, dit-on, le défaut de ne pas porter Georges Pompidou dans son cœur, trop conservateur à ses yeux. La présence du mendésiste Simon Nora au sein du cabinet du chef du gouvernement contribue à faire pencher la balance du mauvais côté. Matignon n'est pas loin de devenir la nouvelle ambassade d'URSS. Depuis les législatives de 1968, pourtant, le Parlement est paré de bleu horizon, celui des gaullistes. Pourquoi vouloir panacher le tableau d'une touche de rose ?

Les députés de la majorité se pressent dans le bureau de Pierre et Marie-France pour se lamenter. Ils ont peur que cette politique « de gauche » ne contribue à renforcer l'autre camp. Il n'y a bien que Jacques Chirac pour s'enthousiasmer de la modernité du Premier ministre. Pierre Juillet et Marie-France Garaud le rabrouent pour sa naïveté. Il est doué, ce jeune homme, mais il a encore tant à apprendre…

IX

Pierre Juillet est furieux. La canne à la main, il se rue sur Jacques Chaban-Delmas, qui sort tout juste du bureau de Georges Pompidou. *« Vous avez livré la télévision à nos pires adversaires ! »* éructe le chargé de mission, dont la voix résonne dans l'antichambre. Le Premier ministre, cintré dans son costume coupé au millimètre pour épouser ses épaules de sportif, ne répond pas. Il regarde avec dédain cet homme qu'il a toujours tenu éloigné du cercle des barons du gaullisme. Juillet, à ses yeux, est un réactionnaire exalté. *« L'homme le plus dangereux qui puisse être pour le pays »*, souffle-t-il auprès de ses proches. Il n'a que faire de ses foucades.

Le conseiller de Georges Pompidou ne supporte pas la nomination par Chaban de Pierre

Desgraupes à la tête de l'ORTF, le puissant établissement public qui chapeaute la télévision et la radio. Ce choix revient à faire sauter le couvercle qu'ont posé depuis plus de dix ans les gaullistes sur l'information. Le journaliste a été, sous l'autorité de Pierre Lazareff, l'un des patrons de l'émission « Cinq colonnes à la une », première lucarne ouverte dans les années 1960 sur une information à peu près libre. Il y était question de tout : de la guerre d'Algérie, celle du Vietnam, d'Édith Piaf, des amours d'Yves Montand et de Simone Signoret… Du général de Gaulle, aussi, mais jamais pour en dire du mal. Cette inclinaison favorable envers le grand homme n'a pas empêché l'émission de s'auto-saborder, en Mai 68, pour protester contre la censure. Desgraupes s'était alors positionné comme l'un des visages emblématiques du mouvement de grève qui frappa l'ORTF. De la graine d'agitateur, pense-t-on à l'Élysée.

Sous sa gouverne, l'opposition est désormais invitée à débattre plus régulièrement à l'antenne face aux représentants de la majorité. Les syndicalistes, dont Georges Séguy, le patron de la CGT, aussi. Une palanquée de journalistes aux idées frivoles se sont glissés dans ses bagages : Olivier

Todd du *Nouvel Observateur*, François-Henri de Virieu du *Monde*, ou encore Hervé Chabalier, un ancien militant des Jeunesses communistes révolutionnaires. Un véritable soviet ! Chaban-Delmas aurait voulu jeter la première chaîne dans les bras de la gauche qu'il ne s'y serait pas pris autrement. Pierre Juillet manque de défaillir. Il songe à poser sa démission.

Entre l'Élysée et Matignon, l'incompréhension est totale. Jacques Chaban-Delmas a également supprimé le poste de ministre de l'Information, alors que Georges Pompidou conçoit la télévision comme la voix de la France dans le monde. La sienne, donc. « *Qu'on le veuille ou non* », rappelle-t-il. L'enjeu est de taille : plus de 60 % des Français disposent chez eux d'un poste de télévision. Ils n'étaient que 20 % il y a une décennie. Les gaullistes logent à l'ORTF comme à la maison, et, jusque-là, cela n'avait pas semblé déranger outre mesure monsieur Jacques Chaban-Delmas. Pierre Juillet et Marie-France Garaud déduisent de son changement d'attitude une volonté de « *faire échec au roi de l'extérieur* » en jouant la carte de l'opinion à travers les médias. Lui contre Pompidou.

Juillet se soucie de la liberté des journalistes comme d'une guigne. *« C'est une espèce légèrement en dessous du crapaud »*, répète-t-il. Le conseiller rêve de créer un grand ministère de l'Information publique, qui contrôlerait la télévision, la radio, la publicité et les sondages. Marie-France Garaud ne le contredit pas, mais, pour le coup, elle n'est pas vraiment faite du même bois. La conseillère apprécie la compagnie des journalistes, qui peuvent lui être utiles pour transmettre un message ou semer le chaos en répandant une rumeur. Son sens de la formule fait des ravages, autant que ses métaphores rustiques ou guerrières, que les grandes plumes des magazines reprennent parfois à leur compte. Marie-France Garaud embarque avec elle les jeunes Catherine Nay et Michèle Cotta lors de ses séances d'essayage chez Chanel, moments légers propices aux confidences. Pendant qu'elle enfile un tailleur, les deux journalistes, de l'autre côté du rideau, cherchent à lui soutirer des informations.

La presse écrite vit son âge d'or en ce début des années 1970. Des publications d'un genre nouveau, les newsmagazines, d'inspiration américaine, s'arrachent dans les salons de coiffure et les salles d'attente des dentistes. *L'Express*, lancé en 1953, *Le Nouvel Observateur*, en 1964, bientôt *Le Point*, en 1972, s'écoulent par centaines de milliers d'exemplaires. Ces hebdomadaires excellent à raconter les coulisses de la vie politique. De son côté, *France-Soir* atteint le million d'exemplaires chaque jour. Son patron, Pierre Lazareff, règne en grand mamamouchi des mondanités parisiennes. Politiques, célébrités, hommes d'industrie… Tout le monde se presse à ses déjeuners du dimanche, dans sa maison de Louveciennes, cité chic de l'ouest de Paris. En particulier Georges Pompidou.

Le président de la République a pris le contrepied du général de Gaulle dans ses rapports avec la presse. Le grand Charles ne recevait quasiment jamais de journalistes à l'Élysée. Son épouse, Yvonne de Gaulle, en convoquait un ou deux de temps en temps pour les rabrouer quand ils racontaient les coups de fatigue de son mari. Georges Pompidou, lui, ouvre sa table aux médias au moins une fois par mois. Éditorialistes, journalistes spécialisés, représentants de quotidiens étrangers… Il veut écrire son propre récit.

Marie-France Garaud surveille l'identité des rédacteurs qui partagent les petits déjeuners du président dans le salon Paulin de l'Élysée, cette pièce que le couple Pompidou a décorée au goût de l'art contemporain, avec son plafond en stalactites de verre. Elle biffe les noms de ceux qui ont l'heur de lui déplaire. Michel Bassi, rédacteur en chef au *Figaro*, figure en haut de la liste des bannis. L'homme a le défaut de présenter, aux côtés d'Alain Duhamel, l'émission politique « À armes égales », où Jacques Chirac s'est fait un soir écraser par le communiste Georges Marchais. Pour ne rien arranger, Bassi est soupçonné de sympathies chabanistes, pour ne pas dire giscardiennes.

La conseillère a fait débarquer l'attachée de presse historique du président, Simonne Servais, une belle femme jugée trop favorable à Jacques Chaban-Delmas, pour être certaine de garder le contrôle. Elle a installé à la place Denis Baudouin comme chef du service de presse. Une position stratégique : c'est lui qui décide quels passages des interventions présidentielles méritent d'être diffusés à l'antenne de l'ORTF. La télévision publique, bonne fille, en ressert à la pelle. En 1972, quand

Chaban quittera Matignon, « À armes égales » disparaîtra de l'antenne et Pierre Desgraupes de la direction de l'ORTF. Le nouveau secrétaire d'État à l'Information, Philippe Malaud, installé là par Pierre Juillet et Marie-France Garaud, s'en félicitera en disant qu'il était temps *« de rendre à la majorité silencieuse la parole qui ne lui était que trop souvent ravie »* et d'arracher la télévision à *« l'influence des intellectuels mabouls et des soviets de dingues ».*

**

Deux Églises cohabitent à l'Élysée, comme au temps de Matignon : d'un côté, celle de Pierre Juillet et Marie-France Garaud, de l'autre, celle de Michel Jobert et Édouard Balladur, qui occupent désormais les postes de secrétaire général de la présidence et de conseiller social. *« Il vaut mieux fréquenter l'une et l'autre pour être sûr, sinon d'être en état de grâce, du moins d'être suffisamment informé »*, s'amuse Robert Poujade, le patron de l'UDR, le parti gaulliste. Les deux clans se partagent le domaine de l'influence et, avec lui, un terrain de jeu souterrain : celui des écoutes téléphoniques.

Officiellement, ces écoutes n'existent pas, bien entendu. Il n'y a d'ailleurs pas de réglementation ou presque en la matière. Mais en réalité Georges Pompidou souffre toujours des brûlures de l'affaire Marković. L'insouciance a laissé place à une douce paranoïa. Il veut savoir tout ce qui se dit sur son compte et ne rien rater des discussions d'alcôve de la vie politique française. Depuis Mai 68, la peur de l'ennemi intérieur – qu'il soit communiste, anarchiste ou gauchiste – est par ailleurs vivace. Tout le monde branche tout le monde. Les services secrets (Sdece), la sécurité intérieure (DST), la police judiciaire… Des ambassades aux syndicats, de l'appartement du premier secrétaire du Parti socialiste, François Mitterrand, aux bureaux du patronat, les filets du pouvoir s'étendent dans une dérive incontrôlable. Les journaux, aussi, sont ciblés. En particulier *Minute*, qui s'est distingué dans l'affaire Marković. En 1973, des policiers de la DST se font attraper en train d'attaquer au burin les murs des locaux du *Canard enchaîné* pour essayer d'y poser des micros. Le directeur du journal, Claude Angeli, accusera Marie-France

Garaud d'avoir commandité l'opération, ce qu'elle niera toujours farouchement.

La conseillère est destinataire de la plupart des écoutes qui remontent au chef de l'État. Elle a obtenu qu'une personnalité neutre s'occupe de coordonner cette activité à l'Élysée. Le fait est inconnu, mais une véritable machinerie se met en place à l'époque au palais présidentiel. Cette personnalité neutre, c'est André Marguenaux, le policier chargé d'assurer la protection de Georges Pompidou depuis près de dix ans. Le chef de l'État lui voue une confiance aveugle. Il plaît aussi bien au couple Jobert-Balladur qu'à Juillet et Garaud. Un bureau et un coffre-fort lui sont attribués pour remplir son office. Près de 300 pages de comptes rendus d'écoutes téléphoniques lui parviennent chaque jour. À lui de déceler des informations dignes d'intérêt dans cet amas de banalités, puis de condenser le tout dans une note qu'il doit déposer à 17 heures sur le bureau de Michel Jobert. Ce dernier transmet ensuite au président ce qui mérite de l'être.

Une fois revenu à son bureau, Marguenaux fourre dans un sac les centaines de pages de retranscriptions, dont il n'a pas plus l'utilité. Il file au fond du parc de l'Élysée et place le tout dans une chaudière installée à son intention, qu'il allume consciencieusement chaque soir. Les volutes de fumée s'envolent dans le ciel. Ici brûlent les secrets de la République.

X

Sacré cardinal Marty. Il en est à son deuxième enterrement de président. Un, déjà, ce n'est pas donné au premier archevêque venu. Alors, deux… Après Charles de Gaulle, en 1970, le voilà qui dirige, ce 6 avril 1974, les obsèques de Georges Pompidou. À force, les Français assis devant leur télévision vont finir par s'habituer à sa tête de statue vaticane, anguleuse et dure, et à son accent aveyronnais, qui lui fait rouler les « r » comme gronde le moteur d'un tracteur.

La messe est retransmise en direct par l'ORTF. Léon Zitrone assure le commentaire depuis Notre-Dame de Paris, ce *« centre spirituel de la France, temple national où retentit de génération en génération l'écho des grandes heures de notre pays »*. Les berlines défilent sur le parvis. Une cinquantaine de dignitaires étrangers, Richard Nixon, Jean-Bedel Bokassa, Mouammar Kadhafi, sont venus se recueillir sur la dépouille de leur défunt homologue. Le cercueil est recouvert par un immense drapeau tricolore, qui pend depuis la voûte de la cathédrale. *« Devant sa mort soudaine mais chaque jour entrevue dans la solitude d'un courageux combat, je vous invite à la prière et à la méditation »*, annone Marty, soudain pris d'une quinte de toux. Il connaissait bien le pieux Pompidou, assidu à l'office, pour l'avoir rencontré lors d'un pèlerinage, en 1958, au sanctuaire marial de la Font-Sainte, dans le Cantal. Leurs rapports étaient cordiaux, bien que l'homme d'Église ait semblé vouloir favoriser la gauche, en Mai 68, en déclarant que *« Dieu n'est pas conservateur »*.

Le gouvernement de Pierre Messmer, présent dans les travées au grand complet, reste stoïque. Seul Jacques Chirac essuie une larme au deuxième rang. Georges Pompidou était comme un père pour lui. Les autres ministres, pendant ce temps-là, se surveillent du coin de l'œil. La succession est ouverte. Le temps du pouvoir est passé si vite…

**

Georges Pompidou avait réduit le rythme de ses activités depuis quelques mois. Son énergie était dévorée par la maladie de Waldenstrum, une sorte de leucémie. Il pestait contre le froid qui sévit dans les trains, soufflait au moindre escalier à grimper… Son mal devenait impossible à cacher aux Français, et plus encore à son entourage : les médicaments le faisaient gonfler. Devant leur télévision, les plus sagaces devinaient que cet homme souffrait. Mais sa maladie restait confinée au secret. Par politesse, cruauté ou ignorance, les visiteurs du président mettaient son embonpoint sur le compte de sa voracité. « *Il a repris trois fois de la charlotte aux fraises au dessert…* », rapportaient dans un sifflement de vipère les députés qui partageaient sa table.

Marie-France Garaud n'a pas tout de suite été mise dans la confidence. Lorsque le diagnostic a été annoncé à Georges Pompidou, en 1972, ce dernier a d'abord tenté de restreindre la nouvelle à son cercle familial. Il se permettait alors d'exprimer son désespoir. « *J'suis foutu…* », lâche-t-il un soir à Alain, son fils. « *Pas question de me retirer*, ajoute-t-il aussitôt. *Je ne veux pas que, dans le futur, les jeunes enfants de France puissent lire dans les livres d'histoire : "Alors, Georges Pompidou, malade, s'est retiré pour se soigner..."* » Démissionner équivaudrait selon lui à mettre la gauche sur orbite : « *Je me demande si François Mitterrand ne serait pas élu !* »

Pompidou, néanmoins, n'a pas pu dissimuler longtemps sa maladie à ses conseillers. Son médecin personnel, Jean Vignalou, l'accompagnait dans tous ses déplacements : quoi de plus transparent ? Pendant deux ans, Pierre Juillet et Marie-France Garaud ont fait ce qu'ils ont pu pour préserver les apparences du pouvoir, qui ne voulait pas afficher le moindre signe de faiblesse.

Un jour de mai 1973, l'Élysée envoie une escorte sur l'aérodrome de Villacoublay pour cueillir au pied de l'avion un journaliste de retour de reportage. Patrice Duhamel, figure de TF1, revient d'Islande, où il a couvert le sommet franco-américain entre Georges Pompidou et Richard Nixon. Il a en sa possession des images explosives. Celles d'un président bouffi et pâle comme un linge, engoncé dans son manteau et le coup serré par une écharpe, à côté de son homologue au teint hâlé, rayonnant de santé. Nixon s'est permis de narguer Pompidou : « *On a une belle journée. Vous n'avez pas froid ?* » Hors de question que les Français voient ces images autrement qu'en plans larges. Ils ne doivent pas s'apercevoir du supplice vécu par leur président. Patrice Duhamel n'a donc pas le temps de repasser chez lui. Il est accompagné dare-dare par les policiers jusqu'au siège de l'ORTF, où l'un de ses chefs va s'assurer que les séquences du reportage seront sélectionnées selon les vœux de l'Élysée.

Pendant toute cette période, Marie-France Garaud et Pierre Juillet couvent d'un œil avide le pouvoir vacillant exercé par Georges Pompidou. Ils occupent une place démesurée à ses côtés. « *Le président m'a proposé de rentrer au gouvernement, mais j'ai plus de curiosité pour le cœur du pouvoir* », fanfaronne la Poitevine. Le renvoi de Jacques Chaban-Delmas, en 1972, leur est attribué, tout comme son remplacement à Matignon par Pierre Messmer. L'ancien ministre de la Défense ne s'attendait pas à pareille fête, lui qui a toujours rechigné à manifester de l'ambition. Pierre et Marie-France en ont eu pour lui. Ils voulaient à tout prix éviter que Pompidou ne nomme Premier ministre son vieil ami Olivier Guichard, le maire de La Baule, un baron du gaullisme nettement moins manœuvrable. Messmer n'a pas manqué de courage pendant la guerre, où il s'est notamment distingué en Afrique, avant de diriger les armées pendant dix ans. Mais le Mosellan a un caractère effacé ; il n'est pas un pur politique. Pendant que Pompidou se montrait accaparé par son agenda international et la maladie, Garaud et Juillet, eux, ont régenté les affaires intérieures, et Messmer s'occupait de sécurité routière…

La prise de pouvoir des deux conseillers est immortalisée par une couverture de *Paris-Match*, en janvier 1974. Ils y sont représentés tels des géants marchant sur cette maison de poupée qu'est l'Élysée. Elle, ceinte d'un tailleur blanc à manches courtes, une lavallière bleu roi nouée au cou. Lui, recouvert d'un long manteau noir posé sur les épaules, pipe à la main. Ils partagent la vedette avec un troisième personnage éminent du palais, Édouard Balladur, devenu secrétaire général à la faveur de la nomination de son prédécesseur et acolyte, Michel Jobert, comme ministre des Affaires étrangères. *« Fidèles et silencieux, les trois bras droits du président à l'Élysée »*, est-il écrit en légende sous le titre qui barre la « une » en lettres capitales : « *Comment Pompidou gouverne.* » Le reportage, signé Jean-Pierre Farkas, rappelle que Marie-France Garaud a eu les honneurs, quelques semaines plus tôt, du magazine américain *Newsweek*, qui l'a qualifiée de « *femme la plus puissante de France* ». « *Elle a la malchance d'avoir du charme et de l'ambition* », souligne le journaliste. Pierre Juillet, lui, est décrit comme « *le numéro deux* » du palais, « *le seul à l'Élysée qui connaisse les projets du président* ». Voire les devance.

Même affaibli, Georges Pompidou n'est pas dupe de leur manège. Il s'agace des libéralités prises par ses deux conseillers, qui s'expriment en son nom dans tout Paris. Le président ne supporte pas de laisser croire qu'il serait manipulé. Garaud et Juillet lui ont forcé la main lors du remaniement de février 1974 pour pousser Jacques Chirac au ministère de l'Intérieur. Il trouvait le « *poussin* » de Marie-France encore un peu tendre pour le poste. Mais les deux mages noirs, à force de harcèlement, sont arrivés à leurs fins. Raymond Marcellin, évincé au profit de Chirac, s'en est allé sur un bon mot : « *Voici que le poussin est devenu poulet.* » Le coup permet au Corrézien de gagner en envergure. Ses deux pygmalions, eux, peuvent garder grâce à lui un œil sur les affaires sensibles. Un grand ménage est fait parmi les directeurs de la police. Il devient manifeste que Garaud et Juillet préparent l'après-Pompidou.

Le chef de l'État s'irrite de ces manœuvres, qui reviennent à lui faire poser avant l'heure un pied dans la tombe. Marie-France perd de son aura auprès du grand homme. *« Vous la faites entrer, mais revenez dans cinq minutes pour qu'elle sorte »*, demande-t-il à ses proches lorsqu'elle se présente à la porte de son bureau. La conseillère ne contrôle plus l'agenda du président comme avant. Cet élément stratégique du pouvoir est désormais entre les mains du nouveau chef de cabinet, René Galy-Dejean, qui a remplacé Anne-Marie Dupuy, et se montre nettement moins docile.

Habitué aux coups de sang, Pierre Juillet se retire dans la Creuse au moindre conflit avec le président. Il ne supporte pas que ses idées puissent être contestées. Georges Pompidou est décidé à lui trouver un point de chute en dehors du palais. Il envisage un temps de le nommer au Conseil constitutionnel, mais son chargé de mission s'accroche. Juillet reste indispensable. Pour un homme en souffrance, il est rassurant de garder à ses côtés une figure familière.

Le président croit jusqu'au bout sa rémission possible. Malgré la maladie, il continue de consumer les cigarettes les unes après les autres. La souffrance le larde de ses coups de couteau silencieux.

Il finit par se retirer, le 1er avril 1974, dans son appartement du quai de Béthune, sur l'île Saint-Louis, où il est alité. Les médecins testent sur lui des médicaments interdits sur le marché. En pure perte. La mort lui tend les bras.

Un porte-documents sous le bras, Pierre Juillet vient gratter à la porte de sa chambre. *« Il faut que je voie votre père »*, murmure-t-il à Alain Pompidou, qui monte la garde. Vient-il apporter une lettre de démission, espérant que le président utilise ses dernières forces pour la signer ? Pierre et Marie-France s'inquiètent de la succession depuis des mois. Ils espèrent faire adouber le docile Pierre Messmer. Mais Pompidou ne veut voir personne. La Faucheuse l'attend. *« Dis-lui que je suis dans les mains des médecins, je vais à Cajarc. Je le vois à mon retour »*, souffle-t-il à son fils. Il n'en aura pas le temps. Le 2 avril au matin, Georges Pompidou meurt dans son lit. « *À la campagne, on ne se couche que pour mourir* », avait-il coutume de dire.

XI

Les salons de l'Élysée sont vides. La maison empeste la mort.

Mis à part l'assassinat de Paul Doumer en 1932, il faut remonter au siècle dernier, en 1899, pour retrouver trace d'un président passant de vie à trépas en cours de mandat. Félix Faure avait alors eu la politesse de pousser son dernier râle dans les bras de sa maîtresse, ce qui ajouta une touche de pittoresque au tragique de la situation.

L'Agence France-Presse a annoncé le décès de Georges Pompidou à 22 heures. Une heure plus tard, Édouard Balladur, le secrétaire général de l'Élysée, réunit le cabinet du défunt pour préparer la transition avec le président du Sénat, Alain Poher, qui s'apprête encore une fois à assurer l'intérim, comme le veulent les institutions. La ruche s'est vidée. Le silence règne sur le palais.

Une simple lampe éclaire le bureau de Georges Pompidou. Tout apparaît figé, comme une scène de crime : sa vieille mappemonde, ses parapheurs, ses rangées d'exemplaires de la Pléiade. Un tableau de Soulages et un autre de Nicolas de Staël encadrent une huile d'Hubert Robert, symboles de l'éclectisme de ce président conservateur et féru d'art contemporain. Trois hommes s'activent dans cette partie de Cluedo. Pierre Juillet fouille les tiroirs. *« Il doit bien y avoir quelque chose ! »* Il cherche une note, une lettre, la moindre trace que Pompidou aurait pu laisser derrière lui et qui ressemblerait de près ou de loin à un testament politique. Pierre Messmer, Valéry Giscard d'Estaing, Edgar Faure, Jacques Chirac… Il en est bien un parmi ces prétendants à la succession qui recueillait sa préférence. Édouard Balladur observe Juillet s'affairer, l'œil faussement distrait. Le secrétaire général sait se plonger mieux que personne dans des airs de gravité feinte. Alain Pompidou, lui, classe les documents personnels de son père, puis il ouvre son coffre. Le testament, enfin ! Pierre Juillet lui demande de le lire à voix haute. Ses attentes sont déçues : les consignes laissées par le défunt sont d'ordre purement familiales. Georges Pompidou a refusé de se désigner un héritier. C'eût été reconnaître l'imminence de la fin.

Pierre Juillet et Marie-France Garaud craignent que Jacques Chaban-Delmas ne prenne le pouvoir. Les deux conseillers l'ont déjà empêché de s'emparer de l'UDR, il y a quelques mois, mais ils ne pourront pas le bloquer éternellement. L'ancien Premier ministre leur voue une telle rancune que sa victoire signerait leur arrêt de mort politique. Garaud et Juillet parcourent la capitale en brandissant devant les caciques du gaullisme leur argumentaire anti-Chaban. Le pays ne peut pas être confié à cet homme ouvert aux idées de gauche, expliquent-ils. Qui nous assure, de plus, que le maire de Bordeaux peut l'emporter face à l'alliance de François Mitterrand et des communistes ? La rumeur glose : Chaban serait menacé par quelque scandale de nature privée. Ce ne serait pas surprenant : n'a-t-il pas déjà été épinglé pour la légèreté de sa fiche d'impôts lorsqu'il occupait l'hôtel de Matignon ? *« Après cela, il ne sera jamais président de la République »*, avait prophétisé Georges Pompidou. Les gaullistes ne peuvent décemment pas remettre leur sort entre ses mains, plaident Juillet et Garaud.

Jacques Chirac rend visite à Chaban dans son appartement parisien du 16e arrondissement, rue du Docteur-Blanche, au lendemain de la mort de Georges Pompidou. La nuit est tombée. Le ministre de l'Intérieur apparaît comme une ombre furtive. Leur entrevue ne dure pas ; il n'y a pas de temps à perdre. Chirac vient l'assurer de son soutien, voilà l'essentiel. Voyant l'invité s'éclipser à l'arrière de sa voiture avec chauffeur, Jean-Jacques Chaban-Delmas se tourne vers son père : *« Est-ce qu'il marche avec toi, papa ? – Il vient de me le jurer sur la tête de ses filles… »*, assure Chaban. Promesse de courte durée.

Marie-France Garaud connaît l'ardeur juvénile du maire de Bordeaux. Elle veut le pousser à la faute. La conseillère s'en va trouver Edgar Faure, qui l'arrose de bouquets de fleurs depuis des années, pour tenter de le convaincre de se porter candidat. Cela fait longtemps que l'ancien président du Conseil songe à se lancer à la conquête de l'Élysée ; il pense pouvoir incarner une voie centriste qui séduirait la majorité du pays. Les encouragements de la Poitevine le flattent. Il fait part en petit comité de sa résolution. Alerté, Jacques Chaban-Delmas s'agite. Il ne veut pas laisser Faure tirer le premier et risquer d'apparaître comme le candidat de la division. Le piège vient de se refermer sur lui. Georges Pompidou n'est pas encore mis en bière que le maire de Bordeaux se déclare publiquement candidat à la présidence de la République. Jacques Chirac, qui joue à merveille la partition de l'orphelin éploré, s'offusque publiquement de cette *« hâte indécente »*. L'empressement de Chaban passe mal dans l'opinion. En particulier auprès des milieux catholiques, où ce divorcé n'a déjà pas bonne presse. La mouche Garaud a poussé le gaulliste à la faute. Reste à trouver un candidat à lui mettre dans les pattes.

Un court instant, Pierre Juillet se demande si l'heure n'est pas venue de jeter Jacques Chirac dans le grand bain. Le conseiller se ravise bien vite. Il ne faut pas gaspiller le talent de son jeune ministre de l'Intérieur dans une aventure incertaine. Une piste autrement plus sérieuse conduit à une candidature du Premier ministre en exercice, Pierre Messmer. *« Un honnête homme, chez lequel le devoir prend toujours le pas sur l'ambition* », souligne Marie-France. Corvéable, donc, mais pas très déterminé. Le patronat craint que le postulant ne soit pas de taille à lutter contre François Mitterrand. Surtout, Messmer n'acceptera de se lancer que si la piste d'atterrissage est dégagée. Il demande aux autres candidats de droite de lui prêter allégeance. Edgar Faure profite de cette porte ouverte pour se retirer de la course. Valéry Giscard d'Estaing, lui, hésite. Le centriste pourrait se résoudre à passer la main, mais il attend d'abord de voir ce que va décider Jacques Chaban-Delmas. Le maire de Bordeaux refuse de plier : il sera candidat quoi qu'il arrive. Giscard maintient donc sa candidature. Face à tant d'adversité, Pierre Messmer renonce à se présenter, au grand dam de Marie-France Garaud et Pierre Juillet. Ils vont devoir trouver une autre manière d'empêcher l'élection de Chaban.

Depuis que l'euphorie économique des Trente Glorieuses a été percutée par la guerre du Kippour et l'envolée des prix du pétrole, la gauche a le vent dans le dos. Les conflits sociaux occupent les gros titres. Le destin des Lip, en particulier, du nom de cette usine horlogère de Besançon en lutte contre des centaines de suppressions de postes, passionne l'opinion. Jacques Chirac s'emploie à détourner les gaullistes de la candidature Chaban en mettant en garde ses camarades contre le péril rouge que représente l'alliance socialo-communiste. *« Alors que, depuis quinze ans, nous avons tous les pouvoirs, nous ne sommes plus que les challengers de François Mitterrand »*, alerte-t-il. Une manière de plaider en faveur d'une candidature d'union de la droite qui ne peut pas être celle de Jacques Chaban-Delmas.

Pierre Juillet et Marie-France Garaud se sont installés à demeure au ministère de l'Intérieur, place Beauvau. Le « bulldozer » Chirac, comme le surnomme la presse, déblaye le terrain pour eux. Tout préfet qui entend participer à la campagne Chaban se voit refuser sa mise en disponibilité. Le moindre sondage confidentiel qui se montre défavorable au maire de Bordeaux fuite dans la presse. La date du scrutin, par ailleurs, est reportée d'une semaine, le temps de laisser Chaban continuer sa dégringolade dans les enquêtes d'opinion. Enfin, tout candidat susceptible de lui mordiller les mollets est encouragé à se lancer. Le maire de Tours, Jean Royer, très populaire auprès des commerçants depuis qu'il a lutté contre l'implantation de grandes surfaces en tant que ministre du Commerce et de l'Artisanat, est reçu place Beauvau. Officiellement, Chirac veut le dissuader de se présenter à l'élection présidentielle. Personne n'est dupe de la manœuvre. Pierre Juillet l'a convaincu de se lancer. Cet inoffensif père-la-morale, surnommé « l'homme du sein » depuis qu'une femme a montré sa poitrine durant l'un de ses meetings, pourra détourner à son profit une partie de la droite conservatrice. Autant de voix en moins pour Chaban au soir du premier tour.

Reste à favoriser l'élection de son principal adversaire à droite, Valéry Giscard d'Estaing. « *Ça ne me fait pas très plaisir, parce que Giscard a voté contre le Général au référendum de 1969, mais Mitterrand risque d'être élu. C'est un adversaire résolu de la Ve République !* » frissonne la conseillère, qui joue de la métaphore sportive : « *Quand deux boxeurs montent sur le ring, vous voyez tout de suite qui sera battu. Chaban n'a aucune chance d'être élu contre Mitterrand.* » Giscard, pourtant, n'est pas une bête de campagne. Trop précieux, empêtré dans son grand corps tout en angles et en raideur. « *C'est un bel insecte auquel on a coupé les antennes* », se moquait le général de Gaulle. Le polytechnicien a du mal à cacher sa gêne quand ses conseillers lui mettent des enfants dans les bras devant les photographes. Il souffle à la fin de chaque déplacement en province, le peigne à la main pour recoiffer les trois cheveux qui lui restent sur le caillou : « *Heureusement que la campagne ne dure pas trois mois…* » Après quinze ans de gaullo-pompidolisme, Giscard promet aux Français « *le changement sans le risque* ». Des propos d'estrade, veut croire Marie-France. Si le centriste leur doit sa victoire, il reviendra à des sentiments plus conservateurs.

La « Machiavel en jupons », comme la surnomment ses adversaires, active sa *brigata*. Jacques Chirac, Pierre Juillet, Charles Pasqua et son jeune bras droit, Jean-Charles Marchiani, se démènent auprès des députés gaullistes pour les convaincre de lâcher Jacques Chaban-Delmas. Le député de l'Allier, Hector Rolland, chef de file d'un groupe informel d'élus godillots de l'UDR, apporte lui aussi son concours. « *Chaban n'est pas de droite !* répètent-ils en chœur. *Sa ligne de partage de la vie politique française passe au milieu de la SFIO, pas entre la droite et la gauche.* »

Les chiraquiens font circuler un texte dans les rangs du parti et invitent les élus à le signer. Rien de méchant, en théorie ; c'est un simple appel à l'unité de la famille gaulliste. La tribune, d'ailleurs, ne s'en prend pas frontalement à Chaban. Mais le propos ne laisse pas de doute sur son soutien à Valéry Giscard d'Estaing. Trente-neuf parlementaires et quatre ministres y apposent leur paraphe. L'« appel des 43 » est aussitôt publié dans la presse. Jacques Chirac, téléguidé par ses conseillers, vient de créer une déflagration. Ses ennemis au sein de l'UDR lui ont trouvé un nouveau surnom : Al Capone. À ce compte-là, Marie-France Garaud serait Franck Nitti, le porte-flingue du célèbre mafioso.

**

Valéry Giscard d'Estaing peine à déglutir. Jacques Chirac aussi. Le centriste est arrivé en tête du premier tour parmi les candidats de droite, avec 32 % des voix, loin devant les 15 % de Jacques Chaban-Delmas. Mais François Mitterrand, qui cumule 43 % des suffrages, le devance largement. Le jeu des reports de voix va être serré.

Giscard doit se poser en rassembleur des gaullistes et des centristes, de tous ceux que l'aventure de la gauche effraie. Il organise un grand meeting à la porte de Versailles, à Paris, dans une salle embrumée par la fumée des cigarettes. Après Sheila, Dany et Mireille Matthieu, Charles Aznavour monte sur scène pour entonner « la victoire en chantant ». Jacques Chirac et Pierre Messmer sont assis côte à côte au premier rang, le visage fermé. Sacré pari qu'ils ont fait de soutenir Giscard. Marie-France Garaud peut en dire autant. En cas de défaite, elle n'aura plus que ses yeux pour pleurer. Les gaullistes lui feront payer le prix de la trahison de Chaban. Même en cas de victoire, sa place au sein du nouveau pouvoir n'est pas assurée. Un bienfait n'est jamais pardonné.

Le 19 mai, Valéry Giscard d'Estaing l'emporte d'un cheveu, avec 400 000 voix d'avance sur François Mitterrand. Les états-majors peuvent souffler.

Son bras droit, Michel Poniatowski, gros bébé joufflu au regard malicieux, déjeune avec le secrétaire général de l'UDR, Alexandre Sanguinetti, pour discuter de la répartition des postes au sein du gouvernement entre centristes et gaullistes. « *Sont contre-indiqués à l'échelon national et pour des raisons financières ou de mœurs, qui font que les intéressés sont tenus par les services étrangers : André Bettencourt, Jean de Broglie, Maurice Schumann*, écrit « Ponia » dans une note secrète à destination de Valéry Giscard d'Estaing. *Robert Boulin constitue un risque à cause de sa femme qui est intervenue dans de nombreuses affaires en acceptant des commissions financières.* » Tous seront écartés du pouvoir, au moins dans un premier temps. Personne ne peut alors se douter que Robert Boulin, qui sera finalement nommé ministre du Travail par Giscard, puis pressenti pour devenir son Premier ministre, contre l'avis de Jacques Chirac, se retrouvera empêtré cinq ans plus tard dans un scandale immobilier, et qu'il sera retrouvé mort en forêt de Rambouillet, noyé dans 60 centimètres d'eau. Un suicide, dit la thèse officielle. Un assassinat, clament sa famille et ses proches, qui, pour certains, pointeront le doigt vers les amis politiques du gaulliste.

Valéry Giscard d'Estaing, par gratitude autant que par respect, propose à Pierre Juillet de devenir ministre des Affaires étrangères. Le chargé de mission décline. Il n'a pas le goût pour la lumière et les honneurs. Marie-France Garaud, elle, se voit offrir une ambassade. Elle refuse également. On voudrait les éloigner de Paris qu'on ne s'y prendrait pas autrement. Le duo préfère convaincre Jacques Chirac d'accepter la proposition qui lui est faite de prendre Matignon. Le Corrézien se serait bien contenté de l'échelon inférieur, ministre des Finances par exemple. Mais les gaullistes, toujours majoritaires à l'Assemblée nationale, en veulent pour leur argent. Giscard leur doit sa victoire. Il consent à nommer Chirac Premier ministre, mais, pour le reste, il fera comme bon lui semble. Pas question de se laisser repeindre aux couleurs de l'UDR.

Fatigué par ces mois de tempête, Pierre Juillet se retire dans la Creuse pour prendre l'air. Marie-France Garaud, elle, hésite. Doit-elle poursuivre avec Chirac le travail mené ces cinq dernières années au côté de Georges Pompidou, quitte à redescendre d'un cran, de l'Élysée à Matignon ? La conseillère se verrait bien franchir le cap de l'anonymat et devenir ministre, à la Santé ou à la Condition féminine par exemple. Elle peut aussi simplement s'en aller prendre son poste de magistrat à la Cour des comptes, où Georges Pompidou l'a fait nommer peu de temps avant de mourir. Mais Jacques Chirac insiste pour l'avoir à son côté comme conseillère politique. Elle voit quant à elle l'avantage qu'il y a à entretenir cette relation de dépendance. Régner sur Matignon, après tout, n'est pas donné à tout le monde. La cohabitation peut commencer.

XII

Le diable a organisé sa disparition, une fois de plus. Marie-France Garaud ne figure sur aucun organigramme de Matignon. Le rôle de conseiller politique du Premier ministre, Jacques Chirac, est officiellement occupé par son vieil ami Jacques Friedmann, connu au temps du lycée Carnot, à Paris, puis sur les bancs de l'ENA. *« Je m'occupe des chiens, c'est ma principale fonction »*, élude la Poitevine quand on l'interroge sur son travail. Depuis son bureau du rez-de-chaussée, qui lui offre un accès direct au jardin, la conseillère joue aux concierges de la République ; elle surveille les allées et venues. Les mauvaises langues la disent encore vexée de ne pas s'être vu proposer le portefeuille de ministre de la Santé. Elle assure au contraire avoir soufflé pour le poste le nom de son amie Simone Veil. Les deux femmes ne partagent pas les mêmes idées – Simone est bien plus progressiste –, mais elles se connaissent pour avoir travaillé ensemble au ministère de la Justice ; Marie-France était la conseillère du ministre, Jean Foyer, et Simone Veil haut fonctionnaire dans l'administration pénitentiaire. Elles aiment rire ensemble, partagent des dîners joyeux avec leurs maris et se montrent rarement indulgentes à l'égard du genre humain. Jacques Chirac s'est pris d'affection pour Simone, lui aussi, qu'il protège de son attitude paternaliste.

Contrairement à son prédécesseur, Pierre Messmer, le nouveau Premier ministre n'organise jamais de réunion de cabinet à Matignon. Les décisions se prennent entre Marie-France et lui. C'est tout. Pierre Juillet envoie de temps en temps des consignes depuis la Creuse, mais il ne veut pas se mêler de la vie quotidienne du gouvernement. Ses onze années à Matignon, puis à l'Élysée auprès de Georges Pompidou lui ont suffi. L'influence de Marie-France Garaud, 40 ans, sur Jacques Chirac, 42 ans, atteint son apogée en cette année 1974. La conseillère s'invite sans prévenir dans son bureau pour surveiller le moindre de ses entretiens. Le directeur du cabinet de Chirac, Jacques Pélissier, constate, amer, la *« dictature morale extraordinaire »* qu'elle exerce sur le Premier ministre. Tel un chasseur à l'affût, Garaud voit tout, entend tout et ne manque jamais sa cible. Pélissier, un grand préfet venu de Lyon spécifiquement à la demande de Chirac, en prend très vite ombrage.

En théorie, le directeur du cabinet à Matignon est la plaque tournante de la République, celui qui décroche son téléphone pour engueuler les ministres et rendre des arbitrages au nom de son patron. Mais, dans la pratique, Pélissier regarde passer les balles. Marie-France Garaud consent à lui rendre visite tous les soirs, dans un pur habillage formel. Pierre Juillet, lui, snobe carrément les invitations du haut fonctionnaire à déjeuner. Il n'est pas suffisamment digne d'intérêt à ses yeux. Marie-France, néanmoins, a perdu en puissance de feu ce qu'elle a gagné en influence. Sous la Vᵉ République, le pouvoir réside à l'Élysée, pas à Matignon. Et Valéry Giscard d'Estaing est décidé à ne pas se le laisser voler.

Le centriste a regardé la France au fond des yeux, et il y a vu une demande de modernité.

La Marseillaise est trop martiale ? Il en ralentit le rythme. Les femmes restent prisonnières de lois morales d'un autre temps ? Il les laisse disposer de leur corps en légalisant l'interruption volontaire de grossesse. Les jeunes demandent à être entendus ? Le droit de vote est abaissé à 18 ans. Giscard, qui veut réunir deux Français sur trois dans son sillage, doit donner des gages au centre gauche. Tel un roi thaumaturge, il descend de son trône pour guérir les plaies du peuple. Les Français le voient s'inviter autour de la nappe cirée dans leur cuisine le temps de causeries retransmises à la télévision. À l'été 1974, il se rend même dans une prison de Lyon, où les détenus protestent contre le délabrement de leurs cellules. Le président serre la main de l'un d'entre eux, un geste inédit de la part d'un chef de l'État en exercice. Un secrétariat d'État à la Condition pénitentiaire est créé. Les alliés gaullistes sont déroutés par ce souffle de liberté.

Jacques Chirac est considéré comme quantité négligeable dans ce dispositif. Valéry Giscard d'Estaing lui a adjoint des ministres puissants – Michel Poniatowski à l'Intérieur, Jean-Pierre Fourcade aux Finances, Jean Lecanuet à la Justice –

qui ne rendent compte qu'à l'Élysée. Le chômage galope depuis la crise pétrolière, l'inflation aussi, et le Premier ministre commence à avaler les plans de rigueur giscardiens comme des couleuvres. Marie-France Garaud s'inquiète de sa passivité. *« Il n'est pas impossible, en toute loyauté, d'avoir de l'influence sur Giscard. Il faut du travail, de la méthode et du temps ! »* lui dit-elle. La conseillère est parfois écoutée à l'Élysée, mais rarement entendue. Il arrive que le président consulte aussi Pierre Juillet, qu'il tient en bonne estime ; du temps de Pompidou, l'opinion du Creusois pesait plus que celle de n'importe quel ministre. Giscard convie parfois les deux conseillers à des parties de chasse, à Rambouillet ou à Chambord. Le président espère trouver en eux un élément de modération des gaullistes. Mais le bel insecte n'a pas songé à se faire greffer des antennes. Pierre et Marie-France veulent au contraire utiliser Jacques Chirac pour faire dévier le cours de son septennat.

Las, le Premier ministre est présidentialiste. L'intelligence de l'Auvergnat séduit Chirac, comme au temps de leur cohabitation au ministère des Finances, quelques années plus tôt. *« Je suis loin malheureusement d'avoir les mêmes facilités intellectuelles que le président de la République, et c'est même pour ça qu'il est à l'Élysée probablement* », feint-il de plaisanter. Chirac aimerait plaire au président, mais ce dernier ne reçoit ses conseils que par indulgence. Le ministre de l'Intérieur, Michel Poniatowski, bras droit historique de Giscard, mène une guerre sourde contre Matignon afin de rester le favori du locataire de l'Élysée. Ce colosse en guimauve passe son temps à lacérer le Premier ministre de petits coups de couteau, telle une ombre tueuse ; il alimente la presse en vilenies et ne rend compte de rien à Matignon. « *Gros cul* », comme finit par le surnommer Chirac, ne supporte pas que quelqu'un approche de trop près « son » Valéry. Marie-France Garaud s'amuse de ce comportement à la fois guerrier et amoureux : « *Chez Ponia, il y a une femelle et un spadassin dans le même corps.* »

Les humiliations se multiplient contre Matignon. À l'été 1974, un soir que le chancelier allemand Helmut Schmidt se trouve à Paris pour un dîner d'État, Jacques Pélissier, le directeur du cabinet de Chirac, s'étonne de voir le chef du gouvernement à son bureau à 19 h 30.

« Monsieur le Premier ministre, il faut vous préparer, le dîner est à 20 heures », rappelle-t-il.

Les rayons du soleil couchant passent à travers les fenêtres, éclairant la pièce d'une lumière orangée.

« Je n'y suis pas, répond Chirac, le nez plongé dans ses dossiers.

– *Comment ça, vous n'y êtes pas ?* s'étonne Pélissier.

– *Je n'ai pas été invité.*

– *Enfin, c'est absurde, Helmut Schmidt est votre homologue ! Votre ministre des Affaires étrangères, Jean Sauvagnargues, y sera. Vous ne pouvez pas ne pas y être, la question ne se pose pas. »*

Jacques Chirac jette un coup d'œil inquiet à son collaborateur et décroche son téléphone. *« Passez-moi le secrétaire général de l'Élysée, Claude-Pierre Brossolette… »*, bafouille-t-il. *« Bonsoir Claude. À quelle heure est le dîner avec le chancelier ? Je n'y suis pas ? Bien… »* Chirac raccroche. Il se tourne vers Pélissier, le regard noir : *« Vous voyez ? Je n'y suis pas. »* Le Premier ministre ravale sa rage. Son directeur du cabinet s'étonne ; Chirac aurait pu réclamer d'autorité qu'on lui installe un couvert, mais il n'en a rien fait.

Le Corrézien ressemble aux Français, à ces hommes aux rêves d'enfant qui consument leurs doutes et leur peur du déclin dans le tabac, le pinard et les plats en sauce. Tout le contraire de l'aristocrate Giscard, sûr de sa force et de son rang, qui ne fume pas.

Le président de la République entend d'ailleurs lutter contre le fléau du tabagisme sous l'impulsion de sa ministre de la Santé, Simone Veil. La vente de cigarettes représente une manne, en particulier pour la Seita, qui bénéficie d'un monopole d'État sur l'industrie du tabac, mais les Français commencent à se montrer soucieux de leur bien-être. Le sport se développe, et le culte du corps avec lui. Une loi est adoptée, en 1976, pour interdire de fumer dans les hôpitaux et les ascenseurs. Valéry Giscard d'Estaing veut montrer l'exemple à l'Élysée : le tabac est banni du Conseil des ministres. Au sortir d'une réunion avec Chirac, le président attrape à la volée son porte-parole, Xavier Gouyou-Beauchamps, pour lui demander d'alerter la presse à ce sujet. *« Prenez vos dispositions pour que cela se sache. »* Chirac se retourne alors vers Giscard et s'alarme comme un petit garçon : *« Vraiment, nous allons arrêter de fumer ? »*

Le nombre de victoires du Premier ministre est aussi mince que l'épaisseur de ses convictions. À deux reprises, il est contraint de jouer du chantage à la démission. La première fois, pour se débarrasser de son ministre des Réformes, Jean-Jacques Servan-Schreiber (JJSS). Le fondateur de *L'Express* a eu l'heur de s'opposer publiquement à sa décision de reprendre les essais nucléaires dans le Pacifique. La seconde, pour sauver la peau du Centre Pompidou, ce projet de musée d'art contemporain que Giscard veut enterrer – trop dispendieux, trop original, trop associé à la mémoire de son prédécesseur. Chirac, en fidèle pompidolien, veille à ce que les travaux ne soient pas arrêtés jusqu'à l'inauguration des lieux, en 1977.

Le Premier ministre se laisse guider en toutes choses par Marie-France Garaud. Pourquoi se défierait-il de celle que son père en politique, Georges Pompidou, avait choisie pour l'épauler ? La main de la conseillère est vue derrière la moindre manœuvre de Matignon. La presse commence à se faire l'écho de cette omnipotence. Michel Poniatowski, inquiet, envoie une note à ce sujet à Valéry Giscard d'Estaing. *« M. le président, faites-vous donner les écoutes radiophoniques de 7 h 15 ce matin, l'émission de Philippe Alexandre. C'est sur le thème : c'est Marie-France Garaud qui commande.* » L'Élysée surveille le renard du coin de l'œil.

Fin 1974, la conseillère, aidée de Pierre Juillet et de Charles Pasqua, signe un de ses plus beaux coups d'éclat. L'UDR gaulliste, habituée à tenir le pouvoir plus qu'à le partager, se cherche un chef. Le parti est déboussolé par la vague giscardienne. Un dîner est organisé à la table du président du Conseil constitutionnel, Roger Frey, pour discuter de la succession du secrétaire général du mouvement, Alexandre Sanguinetti. Le poste est crucial. Il permet de tenir des centaines de milliers de militants et de disposer d'une généreuse manne financière. Les barons les plus éminents du gaullisme, anciens compagnons d'armes du Général, ont été invités aux agapes : Michel Debré, Olivier Guichard, Jacques Foccart, Jacques Chaban-Delmas, bien sûr… Jacques Chirac, qui sent encore le soufre depuis sa trahison de Chaban, est parvenu à se glisser parmi eux. Après avoir avalé des huîtres chaudes fourrées aux épinards et du marcassin à la purée de marron, ces messieurs se mettent d'accord sur un nom pour prendre la suite de Sanguinetti : celui d'Olivier Guichard, maire de La Baule et président des Pays de la Loire. Ainsi, le pouvoir restera entre les mains de leur club. La désignation doit avoir lieu en février. Mais, en fin de repas, coup de théâtre ! Chirac leur annonce vouloir être lui aussi candidat au poste. Éclats de rire immédiats dans l'assistance. Le Corrézien, bien que Premier ministre, est vu, à 42 ans, comme trop jeune et trop marginal pour prétendre à de telles ambitions. Les barons ne se doutent pas de ce qui se joue dans la coulisse. Les chiraquiens viennent en effet de convaincre Alexandre Sanguinetti de quitter son poste au plus vite – contre des espèces sonnantes et trébuchantes, accuseront certains caciques de l'UDR. Une élection est organisée deux jours plus tard. Elle permet à Jacques Chirac de devenir le nouveau secrétaire général. Charles Pasqua a travaillé au corps pour son compte chaque membre du comité central depuis des semaines. La manœuvre, secrètement élaborée par Garaud et Juillet, est magistrale.

Jacques Chaban-Delmas s'étrangle, une fois encore. Il crie au *« coup d'État »*. Ses dernières chances de prendre un jour le contrôle de la famille gaulliste s'envolent. En novembre 1975, à l'heure de se rendre en pèlerinage à Colombey-les-Deux-Églises pour l'anniversaire de la mort du Général, il dira : « *Je n'irai pas à Colombey avec M. Chirac, qui n'a découvert le gaullisme qu'en comptant les sièges à l'Assemblée nationale. Je déteste les mômeries. J'y vais avec des gaullistes, pas avec des farceurs.* »

L'épisode a enhardi Jacques Chirac et inquiété Valéry Giscard d'Estaing : son Premier ministre gagne en envergure. Au fil des mois, Marie-France Garaud parvient à éteindre la douce giscardophilie du chef du gouvernement pour instaurer une cohabitation qui ne dit pas son nom. Chirac commence à se faire entendre. Il répercute de plus en plus souvent à l'Élysée les grognements des gaullistes. Contre la politique de rigueur, d'abord. Contre la volonté giscardienne de « *transformation* » à tous crins de la société française, aussi. Contre les nominations de certains ministres, enfin. Début 1976, Chirac refuse de défendre au Parlement le projet de taxation des plus-values. Hasard ou nécessité, la cote de popularité du président de la République décroît dangereusement.

La crise économique frappe la France comme jamais depuis la Seconde Guerre mondiale : plus d'un million de personnes sont au chômage. Un record. Le septennat de VGE se fige peu à peu.

En mars 1976, la gauche remporte les élections cantonales. La panique gagne la majorité, qui craint une vague rose aux législatives dans deux ans. Le pays connaîtrait alors une cohabitation inédite entre l'Élysée et Matignon. Valéry Giscard d'Estaing, muré dans le silence depuis trois mois et demi, fait venir Pierre Juillet à l'Élysée. Le conseiller vient tout juste de s'installer à Matignon, avec bureau et titre officiel. Marie-France Garaud l'a convaincu de revenir pour de bon ; il est temps de préparer Chirac pour la suite. Pour l'instant, c'est Giscard qui réclame son aide. Le président veut redresser le cap. Il va s'adresser à la nation dans une allocution télévisée. Le gourou gaulliste lui rédige une note pour le conseiller sur la marche à suivre : humilité, prise de distance avec les affaires courantes, remise en selle du Premier ministre dans toute l'éminence de sa fonction… Un véritable bréviaire antigiscardien. VGE apparaît à la télévision lugubre comme il ne l'a jamais été. Il agite face aux Français la peur du croque-mitaine socialiste. « *Si vous ne m'aviez pas élu, à l'heure actuelle, le collectivisme serait au pouvoir en France.* » Pierre Juillet est parvenu à lui transmettre son pessimisme et sa peur du déclin. Le président joue à contre-emploi.

Suivant ses recommandations, Giscard veut consolider sa majorité. Il demande à Chirac de coordonner l'action des députés de droite et du centre, de l'UDR aux Républicains indépendants. Mais son Premier ministre ne se contente pas de ce hochet. Il a l'élection présidentielle de 1981 en ligne de mire. « *Avant l'été, nous partirons* », lâche-t-il à son nouveau directeur du cabinet et ami, Jérôme Monod.

Chacun fourbit ses armes dans cette période de tensions. À l'Élysée, Valéry Giscard d'Estaing promeut un de ses hommes de confiance, Jean Sérisé, en qualité de chargé de mission. « *Le président veut que tu suives les affaires politiques. La situation se tend avec Matignon, il est préoccupé* », lui explique-t-on. Sérisé prend son bâton de pèlerin et s'en va toquer à la porte de Pierre Juillet, comme on déposerait ses lettres de créance. Mais personne ne lui répond. Il tente celle d'à côté : Marie-France Garaud accepte de le rencontrer.

En moins d'une semaine, la conseillère reçoit son homologue à deux reprises, le temps de longs dîners en tête-à-tête. La Poitevine se montre telle qu'en elle-même, charmante et retorse. « *Le fonctionnement du couple Élysée-Matignon n'est pas bon*, lance-t-elle. *Le Premier ministre n'a aucun pouvoir, le président prend tout.* » L'avertissement est clair : Chirac s'apprête à lever les voiles.

Croyant bien faire, Valéry Giscard d'Estaing invite son Premier ministre à passer le week-end de la Pentecôte avec son épouse Bernadette au fort de Brégançon, sous le soleil du Var. Il espère renouer le dialogue, mais ajoute une couche d'humiliation à l'affaire. Le couple Giscard a droit au confort des fauteuils et du canapé bleu-blanc-rouge dessiné par le designer favori de Pompidou, Pierre Paulin, quand le couple Chirac se contente de chaises incommodes. Le soir venu, le moniteur de ski du chef de l'État vient partager leur table avec sa femme, comme on inviterait un voisin passé à l'improviste… Chirac est furieux. Le 26 juillet, il remet sa lettre de démission à Valéry Giscard d'Estaing. « *Je puis vous assurer que je n'ai pas du tout l'intention de gêner votre action, et d'ailleurs vous n'entendrez plus parler de moi en politique* », lui jure le Corrézien, les yeux dans les yeux. Naïf, Giscard croit au scénario d'une démission paisible qui les verrait se serrer la main sur le perron de l'Élysée face aux photographes. Le président lui demande d'attendre la fin de l'été pour officialiser leur séparation. Chirac accepte. Marie-France Garaud, pendant ce temps-là, tente de faire fuiter l'information, en vain.

La guerre est déclarée à la rentrée. Les médias sont convoqués à Matignon pour une conférence de presse à l'issue du Conseil des ministres. Jacques Chirac leur assène d'un ton martial le texte qu'il a répété, quelques heures plus tôt, avec la conseillère. « *Je ne dispose pas des moyens que j'estime nécessaires pour assumer efficacement les fonctions de Premier ministre. J'ai décidé d'y mettre fin.* » Elle ne lui avait pas suggéré de serrer la mâchoire de la sorte. Tant mieux. L'effet de sa sortie n'en est que renforcé.

**

La canicule et la sécheresse frappent le pays comme jamais depuis cinquante ans en cette fin d'été 1976. Les bêtes ont soif, les hommes aussi, et les évêques demandent à ce que l'on prie pour que la pluie tombe à nouveau.

L'équipée chiraquienne se retrouve à Puy-Judeau, chez Pierre Juillet, dans son manoir au fin fond de la Creuse. Son épouse, Annick, ancienne secrétaire du général de Gaulle, a dressé la table sous les parasols de la terrasse. Un trèfle à quatre feuilles est déposé sur les serviettes de chaque convive. Charles Pasqua prend place à côté de Marie-France Garaud et de Jacques Friedmann, l'ancien conseiller politique du Premier ministre démissionnaire. Jacques Chirac, lui, est venu avec sa femme Bernadette. Son ancien directeur du cabinet à Matignon, Jérôme Monod, est lui aussi accompagné de son épouse. Un esprit de conjuration règne sur ce déjeuner. La victime a un nom : l'UDR, le vieux parti gaulliste. Il doit mourir pour laisser place à une nouvelle formation entièrement à la main de Chirac. Ce sera le RPR, Rassemblement pour la République, navire amiral de la reconquête du pouvoir au profit d'une droite populaire et sociale, qui ne céderait pas aux sirènes du modernisme. Le vaisseau doit conduire Jacques Chirac à l'Élysée.

Marie-France Garaud retrouve son poulain, quelques jours plus tard, rue Vaneau, à Paris. Les chiraquiens y louent depuis plusieurs mois un appartement, à deux pas de l'hôtel de Matignon, pour accueillir leurs réunions secrètes. Le congrès fondateur du RPR est prévu pour la fin de l'année. La conseillère veut transformer en tribun cet orateur tout juste passable. Il y a du travail. Chirac parle la bouche en cul de poule ; il paraît imiter par moments le chuintement giscardien. Un micro a été installé dans la pièce du fond. Le Corrézien déclame son texte, la porte fermée, pendant que les baffles retransmettent le son dans le salon. Habitués à la radio, Pierre Juillet et Marie-France Garaud veulent mesurer l'effet produit par leur protégé sans l'interférence de l'image. *« C'est pas fameux… »*, soupire la conseillère comme elle commenterait une mauvaise interprétation de Wagner par l'orchestre symphonique de Poitiers. Chirac les rejoint dans le salon, penaud. Il est empêtré de son grand corps d'échassier. *« Comment est-ce que je dois terminer mon discours ?* demande-t-il. – *Levez les bras en V, le V de la victoire, comme de Gaulle ! »* répond Pierre Juillet de sa voix grave. Chirac s'exécute avec gaucherie. Il ressemble à un albatros qui se serait foulé une aile. *« Plus haut ! »* tonne Juillet. L'aiglon se lamente. Lui, jouer à de Gaulle ? *« Je n'y arriverai jamais… »*

XIII

Le tout nouveau RPR est planté au milieu des nuages, au 32e étage d'un monolithe aux vitres en verre fumé. Le parti chiraquien a emménagé tour Montparnasse, dans l'immeuble le plus haut de France, inauguré il y a tout juste trois ans. Ça fait moderne, américain. Jacques Chirac entend faire table rase du passé. Il veut se débarrasser de l'ombre encombrante des barons du gaullisme, qui ne supportent pas sa prise de pouvoir. Ne pouvant se trouver un chef dans leurs rangs, ils espéraient diriger à plusieurs, tels des patriciens. Mais, pour Chirac, il ne peut y avoir qu'un *imperator*. Le gaullisme est mort, vive le néogaullisme ! Les vieux collaborateurs du RPR, ceux qui ont connu les grandes heures de l'ancienne UDR, sont poussés vers la sortie.

Charles de Gaulle est mort depuis six ans, mais son souvenir écrase encore la France de tout son poids. Son visage, comme celui de Georges Pompidou, continue d'habiller les décors des salles de meeting du nouveau RPR. Jacques Chirac a aussi gardé la croix de Lorraine comme logo du parti. Il ne faut pas désarçonner le militant de base. Le Corrézien, né en 1932, est trop jeune pour avoir vécu l'épopée du gaullisme originel, les années de maquis, de résistance ou d'exil qui ont fait d'une poignée d'hommes des frères pour la vie. Sa guerre à lui, celle de sa génération, c'est l'Algérie. Il n'a pas participé aux combats, mais il est resté près de trois ans de l'autre côté de la Méditerranée, au début du conflit, le temps d'effectuer son service militaire. Il s'en est ensuite retourné finir ses études à l'ENA. Londres, la Libération, le RPF… Toute cette histoire lui est étrangère, au fond. Le tragique ne guide pas son engagement politique. L'ambition, si.

Noël 1976 approche. Marie-France Garaud est inquiète. La prochaine élection présidentielle a lieu dans quatre ans et demi. Une éternité. Jacques Chirac s'est engagé dans une course de fond qui se doit d'être millimétrée. Il faut continuer à harceler Valéry Giscard d'Estaing à travers des piques déguisées. L'affaiblir sans donner le sentiment de l'agresser. Le RPR, officiellement, est toujours associé au sein de la majorité aux Républicains indépendants de VGE ; l'électeur de droite n'accepterait pas de vaines chamailleries. Mais Chirac espère cueillir le président le moment venu. Pour cela, le RPR doit gagner des batailles électorales.

La conseillère a rendez-vous pour dîner au Tong Yen, la cantine des gaullistes, près des Champs-Élysées. La patronne, Thérèse Luong, est une amie. Marie-France arrive avec son mari, Louis Garaud. Le père de ses deux fils est un austère avocat au Conseil d'État et à la Cour de cassation, à l'esprit juridique aussi précis que le décompte d'une horloge atomique. Épais sourcils, larges lunettes… Cet homme du Poitou, fier du parcours de sa femme, est aussi discret et passe-partout que Jacques Chirac peut se montrer séducteur et vibrionnant. Il a fini par accepter le fait que son épouse passe plus de temps à travailler qu'à se préoccuper de sa vie de famille. Une exception dans cette France des années 1970. Le couple grimpe les quelques marches du grand escalier à rambarde dorée et prend place à la table de Xavier Marchetti. Ce Corse aux bonnes manières, connu pour les éditos qu'il signe dans *Le Figaro*, est un vieux compère de Marie-France Garaud. La conseillère l'a connu au cabinet de Georges Pompidou, à l'Élysée, du temps où elle régnait sur les affaires politiques du pays ; Marchetti travaillait alors au service de presse.

Entrée, plat, dessert… Les convives ne se pressent pas. Les fêtes approchent. Tout est passé en revue : Giscard, Chirac, les élections municipales qui ont lieu dans quelques mois, en mars 1977… Marie-France Garaud soupire. Elle n'a toujours pas trouvé de bon candidat du RPR à présenter à Paris. Pour la première fois – l'épisode de la Commune mis à part –, les électeurs de la capitale vont pouvoir voter directement pour leur maire. Leur conseil municipal n'a jusqu'ici qu'un rôle restreint : dans les faits, c'est le préfet de Paris qui incarne l'autorité. Cette bizarrerie institutionnelle est un héritage vieux d'un siècle, destiné à contenir les élans révolutionnaires du peuple parisien. Jusque dans les années 1960, le président de la République nommait lui-même les maires d'arrondissement de la capitale. Mais le statut de Paris a évolué au fil des ans vers plus de liberté. Giscard a fini de parachever ce changement, en 1975, en décidant que le Conseil de Paris et l'ensemble des représentants de la capitale seraient désormais élus. Marchetti lance un sourire à Marie-France, entre deux raviolis à la vapeur. « *Vous allez voir, vous finirez par présenter Chirac...* » La conseillère s'arrête de mâcher, interloquée. L'idée est brillante. Pourquoi n'y a-t-elle pas pensé plus tôt ? Diriger la Ville lumière braquerait les projecteurs sur son poulain. L'Hôtel de Ville de Paris est une forteresse aux 40 000 agents et aux milliards de francs de budget, une ressource inespérée pour partir à la conquête du pouvoir. C'est le lieu idéal où planter son drapeau et empêcher l'Élysée de dormir sur ses deux oreilles. Seul hic, de taille : il faut convaincre Chirac de se lancer.

Le président du RPR envisage plutôt de se présenter du côté de la Corrèze. Il a dans son viseur le village d'Égletons, 4 000 habitants, sur le haut plateau de sa chère terre familiale devenue terre d'élection depuis sa victoire aux législatives, en 1967. L'enfant du pays ne jure que par ses bourgades inaccessibles, ses routes entortillées et ses comices agricoles. Les mondanités parisiennes le rebutent. Surtout, il sait que les élus gaullistes de la capitale le tiennent en piètre estime, car Jacques Chaban-Delmas est leur maître à penser. Celui-là même qu'il a trahi, en 1974, sur les conseils de Marie-France Garaud et Pierre Juillet, pour soutenir Valéry Giscard d'Estaing.

La conseillère entreprend de vaincre les réticences de son protégé. Après tout, fait-elle valoir, Paris est le village où se réunissent tous les Français, qu'ils soient bretons, auvergnats ou corréziens. L'affable député RPR du 14e arrondissement, Christian de la Malène, un Aveyronnais qui connaît le moindre cafetier de la capitale, pourra l'aider à s'implanter. Il est en quelque sorte le porte-parole des bougnats, ces travailleurs qui ont débarqué par dizaines de milliers sur les bords de Seine, au XIXe siècle, attirés par les richesses de la capitale. Les électeurs crieront au parachutage ? Qu'importe ! L'ancien Premier ministre, Michel Debré, est bien allé se faire élire à la Réunion, alors qu'il est originaire d'Indre-et-Loire…

Pendant que Jacques Chirac lanterne, Valéry Giscard d'Estaing, lui, a trouvé son candidat : ce sera le ministre de l'Industrie et maire de

Deauville, Michel d'Ornano, 52 ans. Un type sûr, ce d'Ornano, fidèle, qui sait se créer une clientèle électorale, au point d'avoir gagné le surnom de « duc de Normandie ». L'idée de quitter sa mairie pour rejoindre Paris lui fait se tordre le nez, mais VGE lui a trouvé une solution clé en main pour le contenter : il n'aura qu'à laisser sa femme, Anne, diriger Deauville à sa place. D'aucuns suggéraient au chef de l'État d'envoyer plutôt au combat sa ministre de la Santé, Simone Veil, ou bien Pierre-Christian Taittinger, un élu parisien, ex-gaulliste rallié à sa cause. Mais le président veut placer un proche à la tête de Paris. D'Ornano est reçu à l'Élysée pour présenter sa candidature. Les journalistes présents sur le perron du palais croient que le ministre est venu s'entretenir de la crise pétrolière. Mais, à la sortie, il lance face aux caméras sa campagne d'une formule alambiquée. *« J'ai été pressenti pour conduire la liste de la majorité présidentielle aux élections municipales à Paris… »* La presse moque ce pantin qui semble articulé depuis l'Élysée. Il y a un boulevard pour le doubler.

Marie-France Garaud revient à la charge auprès de Chirac. S'il renonce à sauter l'obstacle parisien, le prévient-elle, il risque de disparaître de la scène. Les journalistes vont se lasser de raconter l'histoire d'un ancien Premier ministre qui lance des flèches en mousse sur l'Élysée depuis les hauts plateaux de la Corrèze. L'Hôtel de Ville peut devenir une usine à *plaçous*, ces emplois que l'on distribue pour se créer des fidélités et lui permettre de remplir son carnet d'adresses en recevant les grands de ce monde lors de cérémonies protocolaires. La discrète Bernadette Chirac, elle, tente de convaincre son mari de renoncer à cette candidature. Elle s'entend très bien avec les d'Ornano, des amis. Et puis, elle n'en peut plus de cette stratégie d'agression permanente de Giscard. Tout cela finira mal, prévient-elle.

La relation de son mari à Marie-France Garaud devient sans cesse plus exclusive. La conseillère, cassante et brutale, concentre les jalousies ; elle est intouchable. Jacques Chirac le reconnaît sans peine : tout l'impressionne chez elle. Sa fougue, son caractère, son assurance intellectuelle, la sûreté de son jugement sur les hommes. Depuis plus de six ans qu'ils travaillent ensemble, ils se connaissent par cœur. Leurs instants de camaraderie militante et de rigolade permettent d'atténuer la violence des accès d'autorité de la conseillère. Garaud se permet de narguer Jérôme Monod, le secrétaire général du RPR, qui ose lui tenir tête. « *Je suis un détrousseur de cadavres et un pilleur de tombes* », lui répond-elle un jour qu'il s'offusque de sa brusquerie. L'ami de Chirac, qui a la clé sur les finances du parti, menace de claquer la porte. Mais rien n'arrête cette folle course en avant. Le Corrézien finit par se ranger aux arguments de Marie-France : il va se présenter à Paris.

Début janvier 1977, le président du RPR s'invite au journal de 20 heures de TF1. Personne ne sait ce qu'il entend déclarer, pas même sa garde rapprochée, invitée à regarder sa prestation depuis le siège du parti, tour Montparnasse. Certains proches seront mis dans la confidence seulement quelques heures avant l'antenne, et enfermés à double tour dans un bureau du RPR afin d'éviter les fuites. Le moment est sensible : les gaullistes sont en train de déclarer la guerre à l'Élysée de Giscard.

La machine se met en branle. Maintenant que sa décision est prise, Jacques Chirac déploie une énergie sans retenue. Il y a du pain sur la planche, car le Corrézien connaît mal la ville. Marie-France

Garaud lui organise un programme d'enfer : porte à porte, réunions de préaux, visites aux commerçants… Toute la stratégie est décidée depuis l'appartement de la rue Vaneau, devenu siège de campagne. Le candidat drague les chauffeurs de taxi, les retraités, les mères de famille… Il finit par se coller des sparadraps sur les doigts à force de serrer des mains. L'argent coule à flots depuis les caisses du parti. Chirac dépense 9 millions de francs en tout juste deux mois de campagne. Du jamais-vu. Michel d'Ornano est dépassé. Les troupes du SAC, l'officine gaulliste de sinistre réputation, sont mises à contribution pour coller les affiches et assurer la sécurité. Le chanteur yé-yé Michel Paje est enrôlé pour enregistrer un 45-tours à la gloire du Corrézien et chanter sur un air de musique de bateau-mouche que *« les amoureux de Paris/sont unis, tous unis/avec Chirac pour Paris »*. Le candidat promet de l'hyperlocal et du concret dans une ville traumatisée par les grands projets et la bétonisation. La capitale est un chantier à ciel ouvert, éventrée par les projets des Halles et de la Villette, lacérée par les voies rapides sur les berges de Seine. Avec Chirac, c'est promis, Paris va à nouveau respirer, la superficie des espaces verts sera doublée, « *pour que Paris Champs-Élysées/Pour que Paris La Motte-Picquet/ Le ventre ouvert, n'ait plus l'air d'un chantier* », comme dit la chanson de Michel Paje.

Les médias, eux, se déchirent. RTL roule pour le candidat du RPR. TF1, Europe 1 et une partie de la presse écrite assurent de leur côté la promotion de Michel d'Ornano, le candidat officiel du pouvoir. Marie-France Garaud déploie tout son charme pour tenter de séduire les journalistes lors de déjeuners conviviaux au Vivarois, le restaurant de Claude Peyrot, son adresse préférée dans le 16e arrondissement. Tailleur ajusté à sa fine silhouette, elle rit à gorge déployée, vendant « son » Chirac telle une maquignonne. Il n'est pas beau, le petit ? Les instituts de sondage, par peur de déplaire à l'Élysée, rechignent à publier des études favorables au candidat, mais la dynamique est là, pourtant.

Reste à trouver l'arrondissement où présenter son champion. Marie-France Garaud a repéré une piste d'atterrissage favorable dans le 5e arrondissement, le quartier du Panthéon et de la Sorbonne. Le jeune Jean Tibéri vient d'y être réélu député. La conseillère connaît le bonhomme, qui lui en doit une ; c'est grâce à elle qu'il est devenu secrétaire d'État aux Industries agroalimentaires, en 1976. Jacques Chirac convoque Tibéri dans son bureau de la tour Montparnasse. « *Jean, c'est un problème si un gros poisson vient dans le 5e ?* » lui demande-t-il. Leur alliance est nouée.

Deux mois plus tard, en mars 1977, l'affaire est pliée : Jacques Chirac est élu maire de Paris haut la main, avec 49,5 % au second tour, devant les communistes, 36,7 %, et Michel d'Ornano, 13,8 %. Marie-France Garaud et Pierre Juillet triomphent. Ils viennent de porter une formidable estocade à Giscard. À présent, c'est sûr, les gaullistes ont retrouvé un patron capable de les porter au sommet. Avec ses 300 000 militants et l'Hôtel de Ville de Paris en main, le RPR peut rêver de conquérir l'Élysée.

Cruel, Jacques Chaban-Delmas résumera, quelques années plus tard, le fonctionnement du trio que le poulain forme avec ses deux conseillers. « *Chirac est un émouchet posé sur le poing ganté de Marie-France. De temps en temps, Juillet tire l'anneau pour que Chirac vole une heure. Et tue.* » Dans l'intimité de leur quartier général, rue Vaneau, le nouveau maire de Paris décompresse en buvant un whisky. Il remercie Pierre Juillet et Marie-France Garaud de l'avoir porté si haut, depuis tout ce temps. Juillet sourit : *« C'est bien la première fois qu'on voit un cheval remercier son jockey. »*

XIV

Le gyrophare bleu des gendarmes tournoie dans la campagne enneigée. Ils viennent de recevoir un appel urgent : Jacques Chirac a eu un accident de voiture, à six kilomètres au nord d'Ussel, sur une de ces routes qui enlacent la Haute-Corrèze. La CX avec chauffeur de la préfecture devait emmener le président du RPR dans le petit village de Merlines, où on l'attendait, en ce dimanche de novembre 1978, pour poser la première pierre d'une maison de cure. Le nouveau maire de Paris n'oublie jamais de continuer à labourer sa circonscription de député ; le cumul des mandats ne connaît pas de limites, qu'elles soient temporelles ou géographiques. Mais, ce matin-là, son chauffeur a perdu le contrôle du véhicule dans un virage en glissant sur une plaque de verglas. Il est allé s'empaler violemment sur un arbre de l'autre côté de la route. Le pare-brise est éclaté, la CX tordue comme si elle était passée au concasseur. « *On marchait un peu vite* », reconnaîtra Chirac après coup.

Le député de Corrèze est transporté en urgence à l'hôpital d'Ussel, puis à celui de Limoges, d'où un avion spécial est affrété pour le ramener à Paris. Chirac a mal. Très mal. « *Moi qui ne croyais pas beaucoup aux vertus de la ceinture, dorénavant, même à l'arrière, je ne monterai plus sans en mettre une* », souffle-t-il. Lui qui ne connaissait pas la douleur la subit désormais de plein fouet pour la première fois, à la veille de ses 46 ans. Il souffre d'une fracture du fémur et de quelques vertèbres tassées. Bernadette Chirac a bien cru que l'heure de son cher mari était venue quand on lui a téléphoné pour lui annoncer la nouvelle. Elle est éplorée.

Une chambre spacieuse a été allouée au malade à l'hôpital Cochin, dans le 14e arrondissement de Paris. Le général de Gaulle, raconte-t-on, aurait couché dans le même lit il y a quelques années à l'occasion d'une intervention chirurgicale. Ses mânes hantent peut-être les murs, se plaisent à souligner les chiraquiens. Bernadette monte la garde depuis la chambre voisine. Elle ne veut pas que l'on dérange son mari en plein martyre ; il doit se reposer. Claude Pompidou, dont il est resté proche, veille aussi sur lui comme une mère. La seule autre personne qui soit tolérée en ces lieux est l'évêque aux armées, Gabriel Vanel. Les médecins annoncent à l'ancien Premier ministre qu'il ne pourra être sur pied que dans cent jours. Le temps qu'il a fallu à Napoléon pour abdiquer ses espoirs de reconquête du pouvoir.

Marie-France Garaud rend visite au malade. Poussez-vous de là, Bernadette ! Pas question que le cheval arrête de courir, même blessé. Depuis deux ans, tout sourit à Chirac. Il a pris le contrôle d'une machine de guerre, le RPR, et a conquis à la hussarde l'Hôtel de Ville de Paris, d'où il nargue Valéry Giscard d'Estaing. Son parti est même arrivé en tête des législatives, en mars 1978, devançant la toute nouvelle UDF lancée par le chef de l'État. Tant de succès enivre le couple Juillet-Garaud, qui peine à se maintenir sur la ligne de crête séparant le gaullisme du nationalisme cocardier. L'idée romantique d'une France aux valeurs immuables et le mythe de la patrie en danger guident leurs pas. Les deux conseillers veulent en finir avec les compromis, qui affadissent le verbe et l'action. L'économie ? De *« l'intendance »*, disait le Général, bonne à occuper des polytechniciens comme Giscard. La politique se mène avec des idées. Elle doit secouer les tripes et viser l'âme des peuples. Cela fait plusieurs mois que Chirac reprend à son compte leurs obsessions. Il est intelligent, travailleur, charmeur, et pourtant vous adresse parfois des regards lacérés d'éclairs de détresse, qui semblent rechercher l'approbation. Le maire de Paris a avalé les mots de Juillet et Garaud. *« Le XXIe siècle sera le siècle des nationalités »*, déclame-t-il désormais dans ses discours. Son hostilité à Giscard est sans cesse excitée par ses conseillers, qui soupçonnent l'Élysée de tous les méfaits. *« Pour le pouvoir, un bon RPR est un RPR mort »*, s'est convaincu Chirac. Marie-France Garaud et Pierre Juillet l'ont amené ces derniers mois à opérer un improbable coup tactique : il a soutenu, au lendemain des législatives, le centriste Edgar Faure pour la présidence de l'Assemblée nationale contre le candidat de son propre camp, Jacques Chaban-Delmas. Encore lui. La majorité s'est cabrée face à ce choix incompréhensible et a élu Chaban. Le raté a été mis sur le compte de la toute-puissance du cabinet noir chiraquien. Excédé, Jérôme Monod a claqué la porte du secrétariat général du RPR. Sentant monter un début de fronde parmi les troupes gaullistes, Marie-France Garaud est partie se mettre au vert à la Cour des comptes pendant quelques mois. Mais la voilà déjà de retour, en ce glacial mois de novembre 1978. Elle qui déteste les hôpitaux.

La conseillère veut préparer Jacques Chirac aux élections européennes de juin 1979, dernière haie qui le sépare de l'élection présidentielle, dans deux ans. Pour la première fois, les citoyens vont choisir leurs représentants appelés à siéger au Parlement européen. Funeste erreur, à en croire Marie-France Garaud, qui voit dans cette nouveauté une attaque contre le principe de souveraineté nationale cher au général de Gaulle. Un député belge pourrait décider du sort d'une vache française ? Laissez-moi rire ! La conseillère entend saper la légitimité du scrutin. Elle est venue à Cochin avec un projet de tribune dans son sac. Ce devait être un discours, à l'origine, mais les circonstances commandent : son champion est cloué au lit. Le texte tient en une page.

Pierre Juillet a rendu visite à Chirac en Corrèze avant son accident pour en discuter les termes. Le conseiller a trempé sa plus belle plume dans l'encrier. Le moment est venu de camper leur poulain en sauveur de la nation face à un Valéry Giscard d'Estaing qui veut vendre la France à la découpe sur le marché de Bruxelles. Allongé sur son lit d'hôpital, le président du RPR parcourt le texte. « *Tout nous conduit à penser que, derrière le masque des mots et le jargon des technocrates, on prépare l'inféodation de la France, on consent à l'idée de son abaissement* », a écrit Juillet. Pas mal, poursuivons. « *Comme toujours quand il s'agit de l'abaissement de la France, le parti de l'étranger est à l'œuvre avec sa voix paisible et rassurante. Français, ne l'écoutez pas. C'est l'engourdissement qui précède la paix de la mort.* » Voilà pour l'UDF de Giscard. Du viril ! Juillet passe sur le fait que l'expression « parti de l'étranger » portait une charge antisémite dans les années 1930 ; il préfère se rappeler que de Gaulle l'a utilisée après-guerre pour qualifier les communistes. Puis vient l'heure de la conclusion. « *Mais comme toujours quand il s'agit de l'honneur de la France, partout des hommes vont se lever pour combattre les partisans du renoncement et les auxiliaires de la décadence.* » Très bien, ça. Un vrai bréviaire de résistant. Jacques Chirac appose sa signature en bas du texte. Ses amis diront, quelques semaines plus tard, qu'il se montrait alors inattentif. Vous n'imaginez pas ce que vous font faire les brumes de la convalescence… Le maire de Paris ne se montrera pas capable de reconnaître qu'il a simplement retourné sa veste.

La tribune est aussitôt transmise à Denis Baudouin. *« Il y aura de la cervelle sur les murs ! »* s'exclame le conseiller en communication de Chirac en parcourant le texte. *« C'est exactement ce que nous cherchons »*, lui répond Pierre Juillet dans un sourire. La déflagration ne se fait pas attendre. Les yeux écarquillés, le journaliste Patrice Duhamel lit des extraits du texte en direct sur le plateau du « 20 Heures » de TF1. *« Le propos est monstrueux*, s'émeut le président de l'UDF, Jean Lecanuet. *Comment imaginer que le président de la République pourrait avoir quelque rapport que ce soit avec l'inféodation de la France ? Nous accuser d'être le parti de l'étranger est une injure. »*

Au sein du RPR, personne n'a été prévenu de l'initiative. Les cadres rentrent la tête dans les épaules tant le tollé est énorme. Le gaulliste Alain Peyreffite, qui n'est pas le plus fervent des chiraquiens, tape dans le mille en désignant à la vindicte les noms des véritables fauteurs de troubles, Marie-France Garaud et Pierre Juillet. « *Je veux croire que ces démarches surprenantes s'expliquent par l'absence momentanée de Jacques Chirac. Je veux croire qu'elles ont été prises par certains personnages occultes qui semblent s'être emparés de l'appareil de notre mouvement* », souffle-t-il. L'étau se resserre sur les deux conseillers.

Voyant que le véhicule dérape, Chirac appuie d'un coup sur les freins. Il écrit une lettre ouverte au Premier ministre, Raymond Barre, pour l'assurer que le RPR ne quittera pas la majorité et qu'il ne cherche en rien à remettre en cause l'unité du gouvernement. L'électeur de droite ne doit pas l'accuser de jouer contre son propre camp ; ce serait irresponsable alors que les socialistes et les communistes s'approchent du pouvoir.

En janvier 1979, le président du RPR quitte le centre de rééducation de Menucourt, dans le Val-d'Oise, où il a été admis un mois plus tôt. Il s'appuie sur des béquilles et la fidèle Bernadette. Son épouse, qui va briguer en mars pour la première fois un mandat de conseillère générale de Corrèze, commence à sortir de sa réserve. Elle plaide en faveur d'un rapprochement avec Valéry Giscard d'Estaing. C'est dans ce but qu'elle a continué à entretenir des relations avec Anne-Aymone, la femme du président. Bernadette place en privé des coups de boutoir contre le tandem infernal Garaud-Juillet. La première, en particulier, alimente son courroux. Elle n'en peut plus de son cynisme. Marie-France utilise de manière trop voyante son mari comme un cheval de Troie pour entrer à l'Élysée. Et la Poitevine méprise trop les femmes à son goût, à commencer par elle-même. L'intelligence de la conseillère se mue souvent en morgue face à ses interlocuteurs. Bernadette pose un ultimatum à son mari : une fois les européennes passées, elle ne veut plus la voir dans les parages. *« Quel que soit le résultat des élections, ces gens-là s'en iront. Ou bien c'est moi qui partirai ! »*

Les réunions de la campagne des européennes continuent néanmoins de se tenir dans le nouveau repaire de Pierre Juillet et Marie-France Garaud, quai Anatole-France, à deux pas de l'Assemblée nationale. Ce superbe appartement offre une vue plongeante sur la Seine et les baigneuses aux seins nus de la piscine Deligny, qui a posé ses pilotis sur le fleuve depuis bientôt deux siècles. Au « Quai », comme disent les habitués, les troupes du RPR défilent prendre leurs ordres auprès du cabinet noir. Il ne faut pas dévier de la ligne, malgré les critiques. Mais la campagne suit un cours morose. Jacques Chirac, découragé, ne croit plus en ses chances de victoire. La courbe des sondages est en chute libre. Il se demande s'il ne faudrait pas écouter Bernadette et arrêter d'agresser en permanence Valéry Giscard d'Estaing. Les députés RPR commencent à douter, eux aussi, et craignent pour leur réélection. *« Ils ne sont pas faciles à faire tenir dans l'opposition franche... »*, soupire Marie-France, qui cherche à rassurer son monde en regardant dans sa boule de cristal. « *On fera 24 % !* » promet-elle. Meeting après meeting, son champion continue de dénoncer l'« *Europe mollusque, sans corps et sans dessein véritable* », l'Europe « *du chômage importé* », « *ouverte comme une passoire à toutes les crises du monde* » et « *dominée par les intérêts germano-américains* ». Pas besoin d'extrême droite avec des discours pareils.

La conseillère s'agace des doutes exprimés en petit comité par le maire de Paris. Ne l'a-t-elle pas fait grimper au sommet de la République ? Pour la première fois de sa vie, Marie-France Garaud laisse apparaître des signes de fatigue et de nervosité ; elle a perdu quatre kilos en quelques semaines. La Poitevine a l'impression de porter la campagne seule sur ses épaules. Elle a avancé des dizaines de milliers de francs en frais de réception qu'elle peine à se faire rembourser. Chirac a des méthodes de travail épouvantables. Les germes de leur rupture sont posés.

Au soir du 10 juin, le couperet tombe : 16,3 %. Une débâcle. Le RPR arrive en quatrième position, loin derrière l'UDF, le Parti socialiste et le Parti communiste. Les troupes gaullistes paniquent. Elles réclament un coupable. La vindicte désigne Pierre Juillet et Marie-France Garaud.

Les deux conseillers prennent les devants et vident aussitôt leurs bureaux au siège du RPR. Pierre Juillet laisse un courrier d'adieu au secrétaire général du parti, Alain Devaquet, avant de s'en retourner dans la Creuse. *« L'issue ne pouvait être différente. Pour moi, c'est fini. C'est d'ailleurs le dernier service que nous puissions rendre à*

Jacques. Nous l'avons porté, non pour qu'il fasse une carrière, mais pour qu'il serve une idée et qu'il la serve au plus haut. Nous partis, nous verrons bien s'il saura assumer son destin. Vient le moment où il faut jeter à l'eau celui qui ne sait pas nager : ou bien il fait les gestes nécessaires pour ne pas couler, ou bien il se noie. » Ses moutons de Puy-Judeau l'attendent. Il ne les quittera plus.

Marie-France Garaud, elle, ne peut se résoudre à une séparation si froide. Sa proximité avec Chirac depuis dix ans ne se rompt pas sans douleur. Ils ont développé l'un pour l'autre du sentiment, se sont querellés, amusés, ont accumulé ensemble les conquêtes et les déboires. La conseillère s'en va trouver son ami pour sonder une dernière fois son cœur. « *Je m'en vais, moi aussi, Jacques* », lui annonce-t-elle. Chirac ne la retient pas, l'ingrat. Leur discussion est brève et formelle. Il l'embrasse sans chaleur. L'œuvre d'une vie se délite en un quart de seconde. Elle voulait façonner un président à son image et régner à travers lui. La voilà qui se retrouve sur le pas de la porte, seule et sans perspective. Marie-France Garaud soupire. Une page se tourne. « *Je ne recommencerai jamais* », se jure-t-elle. La conseillère s'éloigne du pouvoir, son éternel objet du désir. Son ancien acolyte, Charles Pasqua, qui profite de la situation pour se rapprocher de Chirac, se marre : « *Pierre et Marie-France croyaient avoir couvé un canard. Ils ont couvé un cygne.* »

Bernadette Chirac triomphe, elle aussi. « *Je me suis débarrassée des deux autres. C'est moi, maintenant, qui serai la conseillère politique de mon mari* », répète-t-elle avec hardiesse. Le champ est libre désormais ; plus personne ne lui volera son époux. Bernadette profite de la venue en Corrèze d'une journaliste du magazine *Elle* pour enterrer publiquement Marie-France Garaud. « *C'est une femme très intelligente et pleine de charme. Mais elle a beaucoup de mépris pour les gens. Elle les utilise, puis elle les jette*, balance l'épouse. *Moi, elle me prenait pour une parfaite imbécile. Son tort a été de ne pas se méfier assez de moi. On ne se méfie jamais assez des bonnes femmes.* »

XV

Marie-France aussi a des moutons. Comme son ami Pierre Juillet, la conseillère pratique l'élevage. C'est même son activité officielle : éleveuse d'ovins et de caprins. Elle veille sur eux depuis son château des Moulières, dans les Deux-Sèvres, bâtisse du XVIIe siècle entourée d'un bois, qui aligne six fenêtres en façade, compte trois étages, un mur d'enceinte et une ferme. Le domaine n'est séparé de la Vendée que par le bras chétif d'une rivière. En 1971, à l'époque où la conseillère servait encore Georges Pompidou à l'Élysée, le château a été partiellement classé, dans le plus grand secret, au titre des monuments historiques. Vous n'imaginez pas ce que coûte l'entretien d'un tel domaine.

Les mois passent ; l'hiver 1979 arrive, puis s'en va. La rivière s'écoule lentement au pied du château. La conseillère s'ennuie. Elle en a assez de compter ses moutons et de décortiquer des tableaux de chiffres à la Cour des comptes, la seule activité qui la rattache encore à Paris. Marie-France Garaud n'a que 46 ans. L'heure de la retraite ne peut pas avoir déjà sonné.

Il lui est impossible, pourtant, de retrouver un présidentiable à l'oreille duquel murmurer. La rupture tonitruante avec Jacques Chirac a marqué la conseillère au fer rouge. Le duo Garaud-Juillet sent le soufre. *« Je resterai toujours fier d'avoir eu comme conseillers et comme amis des personnalités de cette qualité intellectuelle et humaine »*, a fait savoir le maire de Paris, comme pour atténuer la portée de la charge lancée par sa femme Bernadette. Il ne faudrait pas que ses anciens mentors se laissent aller à la vengeance en divulguant les secrets de leur collaboration pendant une décennie.

Pierre Juillet ne se formalise pas de cette période de disgrâce ; il a perdu depuis longtemps ses dernières illusions sur l'espèce humaine. Marie-France Garaud, elle, vit plus difficilement sa relégation aux marges du pouvoir. Après tout ce qu'elle a fait, pour Chirac et les autres… Ces services rendus sont bien mal payés. Il n'est pas question d'en rester là.

À la rentrée de septembre 1980, la conseillère décide de remonter à cheval. La nouvelle parcourt les rédactions de la capitale : la femme de l'ombre va s'exprimer pour la première fois, en direct à la radio, à l'occasion du « Club de la presse » d'Europe 1 ! La surprise est totale. Le grand public n'a jamais entendu le timbre de sa voix, cette musique d'antichambre du pouvoir, autoritaire et martiale. Son visage n'est pas plus connu, à part quelques photos dans les magazines. Les journaux télévisés font leurs choux gras de cette mystérieuse interview. Qu'a-t-elle en tête ? Le sang des dirigeants du RPR se glace d'effroi.

Le 21 septembre, la conseillère se présente devant les locaux d'Europe 1. Elle a le trac. Alain Duhamel s'amuse de voir cette femme d'ordinaire si sûre d'elle enquiller deux gins secs à quelques minutes de l'antenne. Marie-France Garaud est venue purger sa rupture avec Chirac, ou plutôt sa *« séparation »*, comme elle dit dans une sorte de dépit amoureux. *« Je me suis séparée de Jacques*

Chirac pour un problème de fond, politique, qui ne met pas en cause, je crois, l'amitié que j'ai pour lui et qu'il a pour moi. » Garaud reproche à son ancien poulain de se taire face à l'abaissement de la France et à la menace que ferait planer l'Union soviétique sur l'ordre occidental. Rien de plus. Dans les couloirs, elle se répand plus franchement contre le président du RPR, trop jeune, trop léger. « *Si je devais choisir dans un isoloir, sans publicité, entre Giscard et Chirac, je voterais pour Giscard* », assure-t-elle.

Le deuxième étage de la fusée peut être décroché. Marie-France Garaud et Pierre Juillet – revenu lui aussi de sa province – battent le rappel de leurs réseaux et de leurs affidés ; après avoir rendu des services pendant des années, ils attendent aujourd'hui un renvoi d'ascenseur. L'appartement du quai Anatole-France, utilisé pendant la campagne des européennes, devient leur quartier général. Une vingtaine de personnes, aréopage interlope de gaullistes revanchards, d'hommes de gauche, d'espions sur le retour et de petites mains prêtes à la castagne, répondent présents pour cette première réunion. L'objectif qui leur est exposé paraît insensé : mettre sur orbite la candidature de Marie-France Garaud pour l'élection présidentielle de 1981. Les fils de Pierre Juillet, Michel et Dominique, sont allés dégoter de jeunes pousses sur les bancs de la fac de droit d'Assas pour coller des affiches, affranchir le courrier et se rendre utiles de manière générale. Certains frayent avec l'Action française, d'autres sont d'anciens militants du groupuscule d'extrême droite Ordre nouveau ; la plupart ont servi ces dernières années au sein des campagnes giscardiennes ou gaullistes. La droite classique, depuis plus d'une décennie, n'hésite pas à piocher ses forces vives, ses candidats, parfois ses idéologues, dans les rangs groupusculaires de la droite radicale. L'anticommunisme est un puissant coagulant.

Le colonel Roger Barberot, compagnon de la Libération et gaulliste de gauche à la réputation de barbouze, est chargé de faire le lien entre l'équipe Garaud et la société civile. Mais la pièce maîtresse du dispositif n'est autre que le discret Pierre Arpaillange, si utile pendant l'affaire Marković pour transmettre des informations à l'équipe Pompidou depuis son poste de directeur du cabinet du ministre de la Justice. Cet ami de longue date de Marie-France s'est mis en disponibilité de la Cour des comptes pour devenir son directeur de campagne. Homme intelligent et pondéré, opposant à la peine de mort alors que Marie-France est pour, il rend ici un service plus qu'il ne sert une cause. En 1988, François Mitterrand le nommera garde des Sceaux, signe de la faible attache idéologique de l'entreprise.

La candidature de Garaud est annoncée à la fin du mois d'octobre 1980, au « 20 Heures » de TF1, dans un long entretien de dix minutes enregistré depuis le quai Anatole-France. Après avoir entendu le son de sa voix à la radio, les Français découvrent son visage. Une bouche fine, précise. Un menton fier. Un casque de cheveux impeccable coiffant une mise de dame hors du temps, à cent lieues du négligé chic parisien. La conseillère a travaillé son jeu d'acteur. « *Oui, je suis candidate…* », soupire-t-elle langoureusement, avant de laisser s'installer un silence, le temps pour la caméra de resserrer son cadre sur ses pupilles noires. « *Oh, je sais, j'ai mesuré plus que tout autre les risques et les difficultés pour moi d'une pareille entreprise. Mais je crois que je dois le faire*, assure-t-elle. *J'ai pensé pendant longtemps que d'autres, plus puissants ou mieux organisés, pourraient le faire mieux que moi. Mais ils ne veulent pas ou ils n'osent pas. Alors, je me suis décidée. Je suis une femme, je suis seule ou presque, je n'ai pas d'appareil et j'ai peu de moyens, mais je suis libre. Je me bats ni pour une carrière, ni pour un parti, ni pour une clientèle.* » Contrairement à Jacques Chirac, sous-entend-elle, son « *frère en désaccords* ». Elle veut tourner cette page pour de bon.

Les réactions à sa candidature fusent aussitôt, interloquées. « *Voilà Jeanne d'Arc en culotte de chasse à courre allant s'opposer aux chars de Brejnev !* » s'esclaffe le radical Michel Crépeau. Un nombre incalculable de postulants plus ou moins sérieux, de Michel Debré en passant par Brice Lalonde, Arlette Laguiller ou Huguette Bouchardeau, se sont déjà mis sur les rangs depuis quelques semaines ; tout cela ne fait pas très sérieux. Que signifie ce coup de poker de la part de l'ancienne conseillère de Chirac, connue pour ses stratégies insondables ? Agit-elle par esprit de vengeance ? La candidature de François Mitterrand, en théorie, ne peut que profiter de l'éclatement du camp gaulliste. Veut-elle au contraire affaiblir Valéry Giscard d'Estaing dans un coup tactique destiné, en réalité, à favoriser Jacques Chirac ? La rumeur glose sur un possible retrait de sa candidature au dernier moment. « *Je ne roule pas pour quelqu'un. D'abord, je ne suis pas un camion. Je défends des idées* », répond-elle.

Les Français frémissent devant leur poste de télévision : Cassandre s'est invitée à dîner. La conseillère veut alerter l'opinion contre « *l'impérialisme soviétique* » et plaider en faveur d'une « *nouvelle alliance* » avec les États-Unis, seule à même de sauver le « *monde libre* ». L'atlantisme débridé de la conseillère étonne. Le gaullisme, en théorie, place la France en nation d'équilibre dans la guerre froide qui oppose l'URSS et les États-Unis. Aurait-elle renié sa foi ? Son attitude lui attire en tout cas le soutien de jeunes hommes de gauche convertis à l'anticommunisme, comme l'humanitaire Bernard Kouchner ou le philosophe André Glucksmann, qui l'accompagnent sur les plateaux de télévision. Mais leur rôle est de faible teneur en comparaison de celui occupé à ses côtés par un certain Georges Albertini.

La conseillère fréquente depuis plus d'une décennie ce personnage, un des plus mystérieux de l'après-guerre. Homme au physique de passant ordinaire, avec ses cheveux blancs gominés et ses larges lunettes de comptable, Albertini jouit d'une aura hors du commun dans certains milieux politiques et économiques, où l'étendue de ses réseaux semble infinie. Il a pourtant été un collaborateur zélé de l'occupant nazi ; les plus âgés se souviennent de lui comme secrétaire général du Rassemblement national populaire de Marcel Déat, parti fasciste qui fut l'un des piliers du régime de Vichy. Un engagement qui lui a valu trois ans de prison à la Libération. À la sortie, Albertini est embauché comme conseiller de la banque Worms ; c'est là qu'il commence à tisser des réseaux dans les milieux d'affaires et politiques. L'épuration laisse vite la place à la réconciliation du pays : de Gaulle n'a-t-il pas commué la condamnation à mort du maréchal Pétain en réclusion à perpétuité ?

L'homme a une connaissance aiguë du fonctionnement de l'État et de la psychologie de ses acteurs. Ils sont nombreux à le consulter, du socialiste Guy Mollet au radical Edgar Faure, en passant par Georges Pompidou. Quand ce dernier était président, Albertini montait discrètement dans l'appartement privé de Pierre Juillet, au dernier étage de l'Élysée, où il était reçu à déjeuner par Marie-France Garaud. La conseillère l'alimentait de la rumeur du palais, et il lui répercutait celle du monde. Tous les soirs, de retour à son bureau, ce maniaque du fichage tapait à la machine le contenu de ses entrevues, puis les archivait dans des dossiers rangés par dates. Un véritable journal intime de la République, tenu pendant près de trente ans. La somme de ces documents sera récupérée à sa mort par l'université de Stanford, aux États-Unis. Obsédé par le péril communiste, auquel il consacre une revue, *Est/Ouest*, que l'on s'arrache dans les milieux patronaux et les ministères, Georges Albertini est un homme bien introduit à Washington et auprès des services secrets américains. Un ami aux réseaux utiles à l'heure de mener une campagne présidentielle.

En ce début des années 1980, le financement de la vie politique carbure de manière artisanale. L'État ne donne rien. Les contrôles n'existent pas, ou peu. Les entreprises privées sont mises à contribution pour faire tourner les campagnes électorales : un petit chèque par-ci, le remboursement d'une facture par-là, ou bien encore une aide en nature, avec le prêt d'un véhicule ou d'un appartement. Les anciens Premiers ministres Jacques Chirac et Michel Debré ne voyagent par exemple que dans des jets estampillés Marcel Dassault. Par pudeur, cette pratique est qualifiée de « mécénat » patronal. Seuls les communistes, qui se reposent sur les cotisations de leurs adhérents, n'y ont pas recours.

Fin 1980, le *Bulletin quotidien* note que la campagne de Marie-France Garaud serait pour sa part alimentée par les fonds d'un riche noble anglais, Sir Arthur Forbes, lord of Granard, neuvième du nom. Rien d'illégal, mais le personnage est mystérieux, là encore. Il gère les intérêts de l'empire pétrolier Texaco et du biscuitier Nabisco, et mène grand train. Il y a encore quelques années de ça, ses parents étaient connus à Paris comme les propriétaires de l'hôtel de Broglie, rue de Varenne, la plus grande propriété privée de Paris. Le Britannique aime courir les mondanités parisiennes avec sa femme, Marie, une Française. Garaud, pour sa part, a déjà été invitée à profiter de son yacht. Il lui aurait offert l'appartement du quai Anatole-France. François de Grossouvre, l'homme des réseaux occultes de François Mitterrand et grand ami de Marie-France Garaud, assure que Lord Granard serait en fait un agent secret qui ferraille contre l'Union soviétique pour le compte des intérêts anglo-américains. Avec de tels amis, la candidate dispose d'une solide colonne vertébrale idéologique et financière.

XVI

La course aux parrainages accapare le début de campagne de Marie-France Garaud. Elle doit trouver le soutien de cinq cents élus locaux afin de pouvoir se présenter sur la ligne de départ de l'élection présidentielle de 1981. Une gageure, au regard de l'embouteillage à droite, de Valéry Giscard d'Estaing à Jacques Chirac, en passant par Michel Debré ou Jean-Marie Le Pen, qui n'a pas encore abdiqué l'ambition d'être candidat, lui aussi. Un point sur la récolte des signatures est fait tous les dimanches soir, au quartier général du quai Anatole-France. Des militants du Parti des forces nouvelles (PFN), une minuscule formation issue d'une scission avec le Front national, sont mis à contribution pour ramasser des soutiens. La candidate remue ses troupes. Elle les envoie toquer aux portes de maires sans étiquette dans des communes rurales ou semi-rurales. Ils partent le plus souvent à deux, au volant d'une grosse cylindrée prêtée à la candidate par un ami concessionnaire, et reviennent la plupart du temps bredouilles. *« C'est dommage, Lutte ouvrière est déjà passée… »*, répondent les élus.

Un soutien inattendu vient heureusement se pencher sur le berceau de Marie-France Garaud en la personne de François Mitterrand. Le socialiste, âgé de 64 ans, est candidat pour la troisième fois à l'élection présidentielle. Sa dernière, sans doute. Tous les coups sont permis pour l'emporter.

Le candidat convoque dans son appartement de la rue de Bièvre un jeune élu du 18e arrondissement de Paris, toujours fourré dans les basques de son patron Lionel Jospin, un certain Daniel Vaillant. Ce trentenaire passe pour un homme d'appareil et un militant efficace. Il peut se charger d'une mission discrète. *« J'aimerais que Jacques Chirac ne soit pas devant moi au soir du premier tour. Marie-France Garaud veut être candidate, mais elle n'a pas les parrainages. Si vous pouviez l'aider, en toute discrétion… »*, suggère Mitterrand. Sitôt sorti, Vaillant entre dans la première cabine téléphonique venue et appelle les cadres du parti les mieux implantés localement : le Landais Henri Emmanuelli, l'Isérois Louis Mermaz… « *Est-ce que vous pourriez me ramener des parrainages de petits maires ? Des pas trop identifiés* », leur demande-t-il. Les précieux paraphes remontent en quelques jours jusqu'à la rue de Solférino. Le coursier du PS fourre le tout dans une sacoche et file les apporter chez Roger-Patrice Pelat, cet industriel proche de Mitterrand, voisin de longue date de Marie-France Garaud, rue Margueritte, dans le 17e arrondissement de Paris. La conseillère a désormais assez de parrainages pour pouvoir se présenter, mais elle ne voudra jamais reconnaître ce coup de pouce de la gauche. « *Il en aurait fallu mille, mille me l'auraient donné !* » crânera-t-elle durant des années.

Cette élection présidentielle est dominée de la tête, des épaules et de la voix par quatre hommes : Valéry Giscard d'Estaing, le président sortant, Jacques Chirac, le patron du RPR, François Mitterrand, donc, et le secrétaire général du Parti communiste, Georges Marchais. Difficile d'exister entre ces mastodontes, qui se disputent la qualification pour le second tour. Les moyens de

Marie-France Garaud apparaissent bien minces, en comparaison, tout comme le nombre de ses soutiens, qui tiennent sans peine dans l'appartement du quai Anatole-France. La candidate n'a pas assez d'argent pour organiser de grands meetings ; elle court les clubs de la presse en province et tente de se faire inviter autant que possible à la télévision et à la radio. Cette antiféministe découvre les difficultés que rencontrent les femmes face au machisme de la société française. Un soir, Antenne 2 lui propose une émission spéciale de « Cartes sur table » avec les deux autres candidates du scrutin, Arlette Laguiller et Huguette Bouchardeau. La conseillère s'offusque de cette mauvaise manière ; chaque postulant, jusqu'à présent, a eu droit à son émission spéciale. Il faudrait donc trois femmes pour égaler un homme ? Sur les plateaux, Garaud reprend de volée les journalistes (hommes) qui la qualifient de *« candidat »*. Non, *« candidate »*, rétorque-t-elle ! Pas simple de se faire une place sur le petit écran, où des messieurs fumant la pipe traitent ces dames avec condescendance. Même la célèbre journaliste Catherine Nay subit cette misogynie cathodique, qui voit ses confrères sous-entendre que la longueur de son carnet d'adresses correspond à celle de ses jambes.

Marie-France Garaud a besoin de créer un coup d'éclat pour percer le mur du son médiatique. Elle cherche l'incident à chaque interview et toise de sa morgue jubilatoire des journalistes excédés. Sur le plateau du « Grand Débat » de TF1, elle se paye un soir Patrice Duhamel, réputé proche du pouvoir giscardien. *« Nul plus que moi n'approuve les engagements politiques. Mais il est difficile, M. Duhamel, de donner l'impression, apparemment, de prétendre à l'objectivité quand on est engagé politique comme vous ! »* Tollé immédiat sur le plateau. Le lendemain, les passants arrêtent la candidate dans la rue pour commenter ce quart d'heure de gloire. Mais le décollage n'intervient pas dans les sondages. La presse s'interroge : Marie-France Garaud va-t-elle finir par se désister avant le premier tour en faveur de Jacques Chirac ? *« Je ne pense pas que l'on ait jamais vu l'exigence se retirer devant la facilité »*, répond-elle.

Le 26 avril, la sanction tombe au soir du premier tour. L'ancienne conseillère toute-puissante de Georges Pompidou échoue à l'avant-dernière place du scrutin, avec seulement 1,33 % des voix, devant Huguette Bouchardeau. Michel Debré la devance d'un cheveu, avec 1,36 % des suffrages. Rageant. Malgré ses 18 %, Jacques Chirac, lui, ne franchit pas le premier tour, dominé par Valéry Giscard d'Estaing (28,30 %) et François Mitterrand (25,85 %). L'addition des voix de Garaud et Debré n'aurait rien changé au sort du président du RPR.

L'heure est venue de choisir entre le président sortant, derrière qui n'importe quel électeur de droite devrait en théorie se ranger, et le candidat socialiste. Mais la normalité n'est pas de mise. Au RPR, de discrètes consignes sont passées pour faire voter contre Giscard. L'avenir politique de Chirac passe par la défaite de son frère ennemi. Marie-France Garaud, elle, se tait jusqu'à la veille du second tour. Au vu de sa campagne menée tambour battant contre le péril rouge, personne ne l'imagine laisser gagner Mitterrand, qui pourrait nommer au gouvernement des ministres communistes. Mais la conseillère prend tout le monde de cours : elle votera blanc. Le septennat Giscard, trop libéral à son goût, doit être soldé, assure-t-elle. *« Je ne peux plus apporter mon suffrage à celui qui, dans l'ambiguïté, refuse d'assumer son passif. »*

François Mitterrand peut se frotter les mains. La Poitevine vient de gagner un nouvel ami.

Au soir du second tour, le 10 mai 1981, la France succombe aux joies de l'alternance. La gauche accède pour la première fois au pouvoir depuis vingt-trois ans.

Marie-France Garaud, elle, a perdu un combat politique, mais elle s'est créé un personnage public. Les Français, maintenant, connaissent son visage. La télévision, la radio, les journaux, pourront continuer à lui ouvrir leurs portes. « *Je dirai simplement ce que je croirai devoir dire* », prévient-elle. La conseillère n'en a pas fini de tourner autour du pouvoir.

XVII

Un nouveau monde s'offre à la France. Il est rose. Rose comme les joues de ces hommes et de ces femmes propulsés aux avant-postes par la victoire de François Mitterrand. Rose comme le plaisir juvénile et agité qu'ont les dirigeants du Parti socialiste à remonter la rue Soufflot derrière le nouveau président de la République, qui célèbre au Panthéon, dans un geste de majesté républicaine, la mémoire de Jean Jaurès, Jean Moulin et Victor Schoelcher. Rose comme la couleur d'un gouvernement où siège l'aristocratie intellectuelle et prolétaire du PS, tableau tacheté du rouge de quelques ministres communistes, une première. François Mitterrand a promis le changement : il en montre la couleur. Les banques sont nationalisées, l'âge de la retraite abaissé à 60 ans, le temps de travail est réduit à 39 heures, les congés payés rallongés à cinq semaines, la peine de mort abolie. Marie-France Garaud observe, stoïque. « *Il veut faire une France socialiste comme on a fait une France catholique.* » Elle ne critique pas, elle constate. La conseillère aime les idéologues.

Elle voue une estime paradoxale à ce nouveau chef de l'État, qui a pourtant combattu férocement de Gaulle. La même sève provinciale coule dans les veines de l'enfant de Jarnac et de la fille de Poitiers, qui se sont croisés en sens inverse sur le chemin de la terre : elle est passée de Pierre Mendès France à Maurice Barrès, et lui de Maurice Barrès à Pierre Mendès France. La conseillère admire le Mitterrand séducteur, amoureux des lettres, même si elle ne partage pas son combat. « *Ce n'est pas Don Juan, c'est Lucifer. Le plus beau des anges, qui voulait être Dieu, mais ne le pouvait pas, et est donc devenu maître des enfers.* » Elle a aujourd'hui 47 ans et ne veut pas commencer à son âge une carrière d'opposante. Mais elle ne peut pas non plus se mettre ouvertement à la remorque d'un président socialiste. Il est temps de s'extraire du jeu partisan pour durer par-delà des alternances.

Le vote blanc de Garaud au second tour de la présidentielle l'a aidée à poser un premier jalon d'indépendance. Elle veut à présent couper avec une partie de son passé. L'ancienne éminence grise de Jacques Chirac s'énerve dès qu'on la ramène à ses années auprès du président du RPR, devenu aujourd'hui le principal adversaire du pouvoir en place. La politique partisane n'est plus son affaire, jure-t-elle. Chirac est désormais pris en main par Édouard Balladur et Charles Pasqua. De nouveaux palefreniers, pense Marie-France. « *Jacques est un cheval qui flaire l'écurie* », grince-t-elle. Pierre Juillet abonde en méchancetés. « *Jacques Chirac a joué avec le pouvoir comme avec un beau bateau, faisant avec acharnement les cuivres, lavant le pont et courant, affairé, de la cale à la passerelle pour tout voir et tout toucher, sans s'apercevoir que le bateau tournait en rond* », écrit-il dans une tribune rageuse publiée à l'été 1981 par *L'Express*. Aucun retour en arrière ne semble possible pour les deux conseillers.

Marie-France Garaud préfère se plonger dans les relations internationales, son dada de la campagne présidentielle. Ce nouveau terrain de jeu, moins marqué que la politique nationale, lui permet de toquer à la porte des puissants. François Mitterrand l'adoube officiellement, en janvier 1982, en la recevant à l'Élysée. La presse, informée de cette entrevue, est intriguée. Que vient faire là l'ancienne conseillère de Chirac ? « *Vous devez vous douter que c'était pour faire part des très grandes préoccupations que peut inspirer la situation internationale* », répond-elle aux journalistes dans un sourire.

Le président socialiste est prodigue. Il la reçoit une nouvelle fois en son palais, quelques mois plus tard, en décembre. Officiellement, la Henry Kissinger française vient lui présenter sa dernière création : l'Institut international de géopolitique (IIG). Un think tank lancé par la conseillère en compagnie d'une soixantaine d'experts, diplomates, militaires et chercheurs, venus du monde entier. Des hommes, exclusivement. La gaulliste est invitée à ce titre à s'exprimer dans les médias. Elle s'y montre amène envers la gauche au pouvoir. « *Il y a de très bonnes choses qui sont faites actuellement* », loue-t-elle. Son retournement de veste étonne. La rumeur de sa future entrée au gouvernement parcourt la capitale. En réalité, François Mitterrand et Marie-France Garaud s'amusent. Le premier cherche à fracturer l'opposition gaulliste, la seconde à s'offrir de la publicité à peu de frais sous la protection du parapluie mitterrandiste.

Sans surprise, l'Institut international de géopolitique a pris ses quartiers dans l'appartement du quai Anatole-France, qui accueille depuis quelques années les aventures politiques de Juillet et Garaud. Marie-France a gardé sous la main quelques fantassins de sa campagne présidentielle. Elle reçoit des diplomates comme un ambassadeur en son salon. L'anticommunisme, au sein de l'IIG, est la valeur la mieux partagée. Carte à l'appui, la maîtresse de maison donne des leçons de géopolitique pour démontrer l'imminence du péril rouge. Le général Pierre-Marie Gallois, un des artisans de la dissuasion nucléaire française, est un habitué des lieux, tout comme le résistant Déodat du Puy-Monbrunt, figure des guerres coloniales et des services secrets de l'après-guerre. À la nuit tombée, des personnages interlopes, barbouzes de petit chemin ou acteurs de la grande histoire, franchissent discrètement le seuil de l'appartement pour partager un whisky. Certains piliers du Club de l'Horloge, ce think tank qui vise à faire tomber les barrières entre droite et extrême droite, se retrouvent aussi quai Anatole-France. Comme d'habitude, Pierre Juillet est souvent assis dans un coin, caché derrière son journal. Il n'y a bien que sa chienne Lioubka pour trahir sa présence.

L'institut édite une jolie revue trimestrielle, *Géopolitique*, vendue 95 francs l'exemplaire. Il organise aussi des colloques grandioses sous les ors de l'hôtel Intercontinental. Les ministres du gouvernement de Pierre Mauroy s'y pressent pour écouter parler des sommités telles que l'ancien conseiller à la sécurité nationale de Jimmy Carter, Zbigniew Brzezinski, ou Jeane Kirkpatrick, l'ambassadrice américaine aux Nations unies. Le faste du train de vie de l'institut intrigue. D'où vient l'argent ? demande la presse. D'industriels qui achètent des encarts publicitaires dans sa revue, élude Marie-France Garaud. L'un d'entre eux – elle refuse de dévoiler son nom – finance même à titre gracieux un bureau et le salaire d'une secrétaire à Washington pour que l'institut y tisse des relations. *« Nous avons des amis, si vous voulez... »*, lâche la conseillère du bout des lèvres.

La Poitevine, qui a pris des cours d'anglais avec un jeune Britannique, relaie la bonne parole de l'oncle Sam sur le Vieux Continent. En ces années 1980, la guerre froide reprend du poil de la bête. Soviétiques et Américains ont relancé la course aux armements. Le Polonais Jean-Paul II, premier pape issu du bloc de l'Est, secoue la tectonique européenne, pendant que son compatriote Lech Walesa perce une brèche dans la chape de plomb communiste.

Marie-France Garaud court les ambassades et cultive ses réseaux. La voilà invitée sur les plateaux de télévision comme experte en diplomatie. Brejnev meurt ? Elle commente l'événement en direct face à des journalistes installés devant leur Minitel. La conseillère, qui ne représente personne à part elle-même, disserte sur les enjeux géopolitiques de la conquête spatiale. Elle est aussi douée pour dénouer les fils d'une élection cantonale dans le Doubs que l'esprit des maîtres du Kremlin. La gaulliste ne cesse d'inviter les Américains à quadriller l'Europe de leurs missiles Pershing pour contrer l'URSS, ce *« bloc de la peur et de la mort »*. Elle gagne bien vite le surnom de *« Miss Pershing »*. Les audiences sont au rendez-vous : plus de 5 millions de téléspectateurs suivent ses passages à « L'Heure de vérité », l'émission politique phare d'Antenne 2. Autant que Jacques

Chirac, le chef de l'opposition ! Dire qu'elle avait réuni seulement 380 000 voix en 1981.

La conseillère n'a pas perdu l'ambition de retrouver un rôle éminent au sein du pouvoir. Elle a repéré un homme au profil original pour y parvenir : Yves Montand. L'acteur fétiche de Costa-Gavras n'est pourtant pas un de ses clients naturels. Montand, qui a toujours aimé se frotter à la politique, a eu sa période communiste. Il a emprunté le chemin de Moscou, dans les années 1950, au bras de son épouse, Simone Signoret, malgré la répression qui sévissait dans les pays de l'Est. Mais le saltimbanque, aujourd'hui sexagénaire, a parcouru du chemin. Son anticommunisme est instinctif et farouche. L'empire soviétique représente désormais à ses yeux un défi lancé à la liberté ; la présence de ministres rouges au gouvernement de François Mitterrand le révulse. Il épouse sans retenue la pensée libérale, rénovée par Ronald Reagan, aux États-Unis, et Margaret Thatcher, au Royaume-Uni. Le crooner met sa voix chaude au service de « Vive la crise », une émission de vulgate économique, sur Antenne 2, devant laquelle il réunit 20 millions de téléspectateurs. Un véritable phénomène. « *Yves Montand, c'est, en moins sec et plus ridé, Marie-France Garaud en pantalon* », se désole *L'Humanité*, qui ne croit pas si bien dire.

La conseillère songe à en faire un candidat à l'Élysée. Le jeune Bernard Kouchner, qui la soutenait lors de la présidentielle, a joué les intermédiaires. Tout semble possible en cette décennie de l'argent roi. L'ancien acteur hollywoodien qu'est Reagan préside bien aux destinées de son pays : pourquoi ne pas reproduire un tel modèle en France ? Deux ou trois sondages affolent la chronique politique dans la perspective de l'élection présidentielle de 1988. Mais l'artiste dégonfle l'hypothèse lui-même. Les coups à prendre sont trop nombreux, et il ne le supporterait pas. « *Des plaisantins ont commencé à faire Montand déguisé en costume de président* », s'indigne Simone Signoret. Marie-France a raté là un beau cheval de course.

XVIII

Un ciel de nuit étoilé. Des blés qui évoquent la terre, fertile. Un visage ouvert et apaisé. En ce froid matin d'hiver, les Parisiens se réveillent avec une nouvelle affiche placardée sur les murs de leurs immeubles : celle de la campagne de Marie-France Garaud pour les élections législatives de mars 1986. Cinq ans après sa candidature à la présidentielle, la conseillère se présente cette fois dans la capitale pour devenir députée. Son programme : « *allier rigueur et imagination* ». Une sorte de version augmentée de la Dame de fer, Margaret Thatcher, qui dirige le Royaume-Uni depuis 1979. À la différence près que Marie-France Garaud, elle, ne fait que s'éloigner du pouvoir depuis cette date, qui a marqué sa rupture avec Jacques Chirac.

Le président du RPR n'a jamais paru aussi fort face à un François Mitterrand qui dégringole dans les sondages depuis cinq ans. Le tournant de la rigueur économique, en 1983, a déçu ceux, à gauche, qui espéraient le changement, sans pour autant convaincre à droite. Après avoir essoré Pierre Mauroy, le chef de l'État est en train d'user jusqu'à l'os son deuxième Premier ministre, Laurent Fabius. L'hôtel de Matignon semble promis à Chirac en cas de victoire aux législatives du RPR, allié pour la circonstance aux centristes de l'UDF, dont Valéry Giscard d'Estaing, redevenu simple conseiller régional et député, n'a pas encore pris la tête. Pour la première fois, une cohabitation paraît possible à la tête de l'État entre un président de gauche et un chef du gouvernement de droite. Une hérésie aux yeux de Marie-France Garaud. Jamais le général de Gaulle n'aurait accepté un tel dévoiement des institutions de la Ve République. « *Je suis une campagnarde. Il y a une seule circonstance dans laquelle on attelle des chevaux en sens inverse, c'est l'écartèlement* », souffle-t-elle.

La conseillère observe avec une forme de dépit le succès de son ancien protégé, qui trace sa route à toute vitesse. Depuis le début des années 1980, le système Chirac a étendu ses tentacules, de l'Hôtel de Ville de Paris à la Corrèze. Charles Pasqua et Édouard Balladur ont remplacé Marie-France Garaud comme hommes de l'ombre et maîtres à penser. Chirac, qui porte la cravate club des traders de Wall Street, veut administrer au pays un cocktail libéral et conservateur, qui le mettra, pense-t-il, sur orbite en vue de la présidentielle de 1988. Son ancienne éminence grise, elle, se contenterait bien d'un siège de députée à l'Assemblée nationale. À 52 ans, Marie-France Garaud ne peut pas vivre éternellement sur son statut d'ex-conseillère de Georges Pompidou et de Jacques Chirac. Elle doit entretenir son aura pour que les portes des chancelleries et des ministères continuent de s'ouvrir devant elle, en attendant, peut-être, de retrouver un champion capable de la ramener au premier plan.

L'ancienne candidate à la présidentielle estime avoir ses chances. François Mitterrand, qui veut endiguer la vague RPR-UDF, a introduit le scrutin à la proportionnelle intégrale afin de permettre l'élection de députés du Front national – le parti d'extrême droite ne cesse de grimper dans les sondages depuis trois ans. Cette nouveauté ouvre une fenêtre aux offres minoritaires. La conseillère espère faire élire trois députés sur les vingt et un candidats que compte sa liste déposée sur la circonscription de Paris.

Officiellement, son équipe n'est soutenue par aucun parti, ni le moindre poids lourd politique. Le général Gallois, un des piliers de l'Institut international de géopolitique, a accepté de figurer en quatrième position, au milieu de quelques universitaires inconnus du grand public, d'une ancienne résistante et de personnages aux profils insolites. La jeune Martine Kempf, inventeur du Katalovox, un ordinateur à commande vocale un brin loufoque, promène sa coupe au bol et ses pulls bleu-blanc-rouge sur les plateaux de télévision au nom de Marie-France Garaud. Pierre Juillet, lui, s'est dévoué pour figurer en dernière position sur la liste.

Le temps n'est plus à jouer de la connivence avec un François Mitterrand devenu bien trop impopulaire. La gaulliste s'est rangée à une opposition franche. Elle suggère même que toutes les droites, de Jacques Chirac à l'ancien Premier ministre de Valéry Giscard d'Estaing, Raymond Barre, en passant par Jean-Marie Le Pen – qui n'a pas encore qualifié la Shoah de *« point de détail »* de l'histoire de la Seconde Guerre mondiale –, se rangent sous la bannière d'un programme commun. En vain. Le soutien à Chirac étant exclu, tout comme au FN ou à l'UDF, Garaud cherche un appui au niveau national. Elle le trouve auprès du club République et démocratie de Raymond Barre, qui se présente en dehors des partis et milite, comme elle, contre la perspective d'une cohabitation.

L'un et l'autre ont en commun une amie chère, Gilberte Beaux, la grande argentière de Barre. Marie-France lui a offert la deuxième place sur sa liste. Inconnue du grand public, elle est depuis des années le bras droit du fantasque milliardaire britannique Jimmy Goldsmith au sein de la Générale occidentale, une compagnie spécialisée dans le rachat de marques alimentaires. Lui aussi est proche de la conseillère. Anticommuniste forcené, Goldmisth a racheté *L'Express*, en 1977, avec l'aide de Gilberte Beaux, pour en faire le navire amiral du libéralisme.

Les deux femmes écument ensemble les dîners-débats parisiens à la rencontre des bourgeoises des beaux quartiers. C'est la première fois que la Poitevine arpente vraiment le terrain en tant que candidate. Elle fait le tour des commerçants, serre des mains, dénonce les zones de non-droit, la drogue, la prostitution… Fini de parler de géopolitique ou de conquête spatiale : l'électeur est plus sensible aux arguments du coin de la rue. Mais cela ne suffit pas. La liste Garaud est balayée par le rouleau compresseur RPR-UDF et n'obtient que 2,57 % des voix. Ses rêves de députation s'envolent. Jacques Chirac, pendant ce temps-là, accepte la proposition qui lui est faite par François Mitterrand de revenir à Matignon pour la seconde fois. Coupable naïveté, selon Marie-France Garaud. *« Chirac sert de souris à Raminagrobis… »* Mais le Corrézien retrouve le pouvoir. Sans elle, cette fois.

XIX

Philippe Séguin se présente devant la grille en fer forgé du quai Anatole-France. Le maire d'Épinal lève la tête. Derrière cette façade se cache l'ancien monde, celui de Georges Pompidou, qu'il a connu il y a vingt ans comme jeune chargé de mission au secrétariat général de l'Élysée. Là-bas, il croisait dans les couloirs Marie-France Garaud, Pierre Juillet, Michel Jobert ou Édouard Balladur, des personnages éminents devant lesquels le silence s'imposait. Depuis, le mur de Berlin est tombé, en 1989, et avec lui l'adversaire soviétique. L'Allemagne s'est réunifiée, l'URSS décomposée. La démocratie libérale triomphe. C'est la fin de l'histoire, croit-on en cette année 1992. Le tonitruant Philippe Séguin, physique de Pavarotti et voix de caverne, a aujourd'hui 49 ans. Il a acquis une nouvelle stature, celle de futur présidentiable de la droite. Le jeune conseiller d'hier est désormais un homme écouté.

L'adversaire soviétique ayant abdiqué le combat, Marie-France Garaud s'est trouvé une nouvelle cible : l'intégration européenne. La Communauté économique européenne à laquelle Charles de Gaulle coopérait avec froideur dans les années 1960 étend son emprise. François Mitterrand veut soumettre au vote des Français lors d'un référendum, au mois de septembre, le traité négocié à Maastricht qui fonde l'Union européenne et prévoit de renforcer les liens économiques des États membres en créant une monnaie unique, l'euro. Garaud enrage : une fois ce traité ratifié, les destins des peuples européens seront liés pour de bon. « *Lucifer* » est en train de donner la France à manger toute crue à l'Allemagne du chancelier Helmut Kohl. Battre monnaie est l'essence même de la souveraineté d'un État ; abandonner ce pouvoir, c'est abandonner la France. Elle ne peut s'y résoudre.

Le combat offre une nouvelle jeunesse à la conseillère, qui, à 60 ans passés, s'ennuyait ferme ces derniers temps. Une réunion est organisée quai Anatole-France. Il y a les habitués, comme

Pierre Juillet et le général Pierre-Marie Gallois. Les revenants, comme l'ancien ministre de la Justice, Jean Foyer, son mentor des premiers jours, qui sort de sa retraite pour apporter son concours de juriste scrupuleux. Les nouveaux, comme l'ancien résistant et diplomate Jacques Kosciusko-Morizet, dont la petite-fille, Nathalie, fait encore ses classes à l'École polytechnique. Le journaliste du *Figaro magazine* et ex-résistant, Alain Griotteray, a lui aussi rejoint la troupe, ainsi que Philippe de Villiers, une des jeunes pousses de l'UDF, qui commence à faire entendre sa voix nasillarde et ses harangues contre l'Europe de Bruxelles. Une vingtaine de personnalités au total – des hommes exclusivement – entourent Marie-France Garaud. Philippe Séguin est là, lui aussi. Sa présence ajoute au prestige de l'entreprise. Son nom doit figurer au côté de celui de Marie-France sur la couverture d'un livre collectif, *De l'Europe en général et de la France en particulier*, pour dénoncer le funeste traité.

La conseillère dirige les réunions de travail comme une maîtresse d'école. Elle distribue les parties à écrire aux uns et autres, rature, relit, conseille. Son autorité naturelle s'exerce sur ces messieurs à l'âge parfois avancé et aux CV prestigieux. Personne ne songe à contester son leadership.

Séguin a hésité avant de rejoindre cette troupe hétéroclite. Il ne veut pas se compromettre en s'alliant à des personnages trop sulfureux ou réactionnaires. Marie-France Garaud a la fâcheuse habitude de considérer comme un vulgaire centriste toute personne aux idées molles, ou qui ne se rangerait pas à ses vues ; il ne reste bien souvent autour d'elle que des hommes aux idées tranchées, voire radicales. Mais le maire d'Épinal voit surtout en elle de l'intelligence et une capacité à attirer la lumière des médias. Cette bataille contre Maastricht est pour lui l'opportunité de frapper un grand coup au sein du RPR, qui hésite à trancher entre le « oui » et le « non ».

Le livre sort au mois d'avril. *« Maastricht défie la France dans son existence en tant que nation souveraine »*, écrivent les conjurés en quatrième de couverture. Une conférence de presse est organisée quai Anatole-France pour saluer le lancement. Marie-France Garaud affiche un sourire gourmand face aux caméras et photographes qui se pressent pour capturer l'image de cette cohorte souverainiste. La lumière des médias lui avait manqué. Depuis le début de la campagne, elle court les colloques et les plateaux de télévision. Philippe Séguin, pour sa part, jette des regards en coin, inquiet, quand il ne fixe pas les lacets de ses chaussures. Sacré pari qu'il a fait là.

Le maire d'Épinal doit prononcer un discours sur l'Europe à la tribune de l'Assemblée nationale. Il met à contribution un de ses jeunes collaborateurs, Henri Guaino, pour préparer ce rendez-vous décisif. Pierre Juillet et Marie-France Garaud relisent des extraits du texte, l'annotent, suggèrent des amendements... La conseillère goûte à nouveau le plaisir de tirer les ficelles, cachée derrière un rideau. Elle voudrait cornaquer Séguin, en faire le héraut d'une droite souverainiste qui reprendrait le fil de l'épopée gaullienne. Mais l'enfant de Tunis au caractère ombrageux n'a pas besoin d'être materné. Le 5 mai, il se dresse à la tribune du Palais-Bourbon et harangue les députés avec ses propres mots pendant deux heures dans un discours qui marque les esprits.

La conseillère espère parvenir à faire basculer l'histoire de son côté. Elle se résout à rendre visite à Jacques Chirac, treize ans après leur rupture.

Les deux amis ne se sont vus que de loin en loin au cours de la dernière décennie. Depuis sa défaite cuisante face à François Mitterrand au second tour de l'élection présidentielle de 1988, le patron du RPR est en proie au doute. Il peine à croire en ses chances d'entrer un jour à l'Élysée. « *Les Français n'aiment pas mon mari* », a tranché Bernadette Chirac. Après quelques mois de déprime, le maire de Paris est remonté à cheval. Il ne sait rien faire d'autre, de toute façon, que de courir après le pouvoir. Mais la moindre erreur sur le chemin de la présidentielle de 1995 – sa dernière, sans doute – lui serait fatale, à la veille de ses 60 ans. L'obstacle de Maastricht s'avère délicat à négocier.

Marie-France Garaud sait que les troupes du RPR sont divisées. Faut-il sacrifier la construction européenne sur l'autel de l'opposition à François Mitterrand ? La tradition gaulliste ne commande-t-elle pas de se mettre en travers de la route de ce traité ? D'autres, au sein du RPR, jugent au contraire que l'Union européenne représente la planche de salut d'une France ballottée dans un monde qui vogue trop vite pour elle. Jacques Chirac reçoit Marie-France Garaud et Pierre Juillet dans son bureau. Qu'ils ont vieilli, ses deux anciens conseillers… La première semble figée dans les années 1970, avec ses éternels tailleurs Chanel. Le second, toujours aussi peu disert, ne quitte plus sa canne. Le maire de Paris a l'impression de faire un voyage dans le passé. Encore une fois, comme au moment de l'appel de Cochin, l'Europe s'invite au menu de leur histoire. « *On dit souvent de Chirac qu'il a renié cet appel, mais je ne crois pas que ce soit le cas. Il n'a juste pas compris ce qu'il disait* », a coutume de grincer Marie-France. La conseillère espère réveiller chez lui la flamme de la docilité, quand un regard suffisait à le faire obtempérer. « *Le résultat dépend de vous. De vous seul. De grâce, réfléchissez !* » lui lance-t-elle d'un ton intransigeant. Chirac entend, mais n'écoute pas. Leur autorité s'est évanouie. Le Corrézien n'en pouvait plus de s'entendre surnommé « *facho Chirac* » : s'il a rompu avec eux, c'est par conviction qu'une élection se gagne au centre. Il lui est impossible, pense-t-il, d'accéder à la présidence de la République en tenant un discours anti-européen. Pas question de reconstituer leur ligue dissoute : il va dire « oui » à Maastricht. L'annonce est une gifle pour Marie-France Garaud, en même temps qu'une confirmation : il ne l'écoutera donc plus jamais. Agrippine a perdu son emprise sur Néron.

En septembre 1992, à deux semaines du référendum, François Mitterrand propose à Philippe Séguin de débattre en direct à la télévision dans l'enceinte de la Sorbonne. Marie-France Garaud enjoint à son nouveau protégé de refuser la joute. Elle voit le piège venir. Le cancer ronge les forces du chef de l'État, dont le visage ressemble au masque d'un roi surpris dans le sommeil de la mort. N'importe quel adversaire baisserait la garde en pareille circonstance. Or, une telle attitude est interdite face à un tueur comme Mitterrand. Mais Séguin ne veut pas renoncer à l'opportunité unique de débattre avec un président de la République en exercice.

L'événement est retransmis en direct à la télévision. Comme le craignait Marie-France, le député des Vosges se montre attendri. L'hôpital de campagne installé en coulisses pour faire tenir debout le chef de l'État l'impressionne. Il respecte cet homme malade, qui incarne la France aux yeux du monde depuis plus de dix ans. François Mitterrand profite de la situation pour donner des coups de patte dévastateurs à son adversaire. À la sortie,

Séguin trouve pourtant de quoi se réjouir. « *C'est la première fois qu'un simple député débattait avec le président de la République*, s'émerveille-t-il auprès de Marie-France Garaud. – *Non*, s'agace la conseillère. *C'était le champion du oui face au champion du non !* » Et le second a perdu.

Deux semaines plus tard, les Français approuvent le traité d'un cheveu, à 51 %. « *Le coup passa si près que le chapeau tomba* », écrivait Victor Hugo. Marie-France Garaud, elle, l'a avalé encore une fois.

**

L'aventure de Maastricht a au moins permis à la conseillère d'apprendre à mieux connaître Philippe de Villiers, qu'elle tient en bonne estime. Des Deux-Sèvres, où elle habite, à la Vendée, qu'il représente, il n'y a que le bras d'une rivière à traverser. Le quadragénaire n'a pas le souverainisme honteux, et il déborde d'ambition. Son catholicisme réactionnaire n'est pas pour déplaire à Garaud, qui s'intéresse de plus près au personnage. Quelques semaines après le référendum, elle vient à sa rencontre aux Sables-d'Olonne pour le lancement du Vendée Globe, cette course à la voile autour du monde et en solitaire qui passionne les Français. Une allégorie de la traversée du désert de Garaud depuis bientôt quinze ans. La conseillère arpente les pontons du port chaussée de spectaculaires bottines rouges de majorette. Elle grimpe à bord d'un bateau pour assister au départ, malgré son sempiternel mal de mer. Ce qu'il ne faut pas faire pour les besoins de la politique…

Un jour de 1993, Jimmy Goldsmith, de passage à Paris, partage la table de Marie-France Garaud. « *Je veux rencontrer Philippe de Villiers* », lui lance le riche entrepreneur entre deux coups de fourchette. L'entremetteuse s'exécute dans la foulée. Elle les réunit dans son appartement de la rue Margueritte, le temps d'un dîner avec serveur, fleurant le bon goût français. Marie-France Garaud voit les deux hommes se tourner autour. L'excentrique magnat fait du charme au politique, qui roucoule d'aise. Dessert, liqueur… Chacun rentre chez soi. La conseillère décroche alors son téléphone pour appeler son ami Jimmy. « *Vous cherchez quoi, au juste, Jimmy ?* lui demande-t-elle.
– *Je veux être élu au Parlement européen pour pouvoir faire un discours à la tribune !* » répond

cet eurosceptique patenté, qui vient de connaître un succès en librairie avec son livre *Le Piège*, un pamphlet contre l'Organisation mondiale du commerce. « *Mais ça, Jimmy, ça se paye...* », prévient la conseillère. Pas de problème : l'homme a les poches profondes. Marie-France Garaud appelle Philippe de Villiers dans la foulée pour le prévenir qu'il vient de se trouver un nouveau mécène. Mais elle le met toutefois en garde : « *Jimmy a la mâchoire solidement constituée. Faites attention à ne pas vous prendre les doigts dans la porte.* »

L'alliance Villiers-Goldsmith se met en branle en vue des élections européennes de 1994. Marie-France Garaud observe depuis la coulisse. Le Vendéen enchaîne les discours, pendant que Jimmy, placé en troisième position sur la liste, s'occupe de l'intendance. Il n'est pas rare, à l'époque, que les candidats mettent eux-mêmes la main au portefeuille. Le juge d'instruction Thierry Jean-Pierre, révélé par l'affaire Urba, un vaste dossier de financement occulte du Parti socialiste, est candidat à leurs côtés, tout comme Charles de Gaulle, petit-fils de son célèbre homonyme. L'équipée surfe sur la vague de la campagne anti-Maastricht et rencontre un succès inattendu :

elle arrive en troisième position et fait élire treize députés. Goldsmith va pouvoir prononcer son discours.

Grisé par le succès, Philippe de Villiers ne veut pas s'arrêter là. Marie-France Garaud et Pierre Juillet non plus. Ils accompagnent la montée en puissance de leur nouveau poulain, qui lance, quelques mois plus tard, un nouveau parti, le Mouvement pour la France. La machine doit le propulser vers l'élection présidentielle de 1995. Il faut profiter de la guerre fratricide, à droite, qui déchire le RPR entre les partisans de Jacques Chirac et ceux d'Édouard Balladur. Ce dernier, fort de sondages flatteurs depuis qu'il a été nommé Premier ministre de la nouvelle cohabitation, s'est lancé dans la course à l'Élysée, trahissant la promesse faite à son *« ami de trente ans »* (dixit Chirac) de lui laisser le champ libre. L'un et l'autre pourraient se neutraliser. Villiers se tourne une nouvelle fois vers Jimmy, mais l'entrepreneur refuse de s'embarquer dans l'aventure. Le Parlement européen suffit à son bonheur. Marie-France, de son côté, se démultiplie à la télévision pour vendre son candidat. *« Villiers est droit dans ses bottes ! »* lance-t-elle dans une formule qui inspirera Alain Juppé, quelques mois plus tard. Mais la candidature du Vendéen tourne court.

Jacques Chirac, pendant ce temps-là, a grignoté son retard sur Édouard Balladur en menant campagne sur le thème de la fracture sociale. Les Français découvrent une nouvelle version du personnage, sympathique, apaisé, proche de leurs préoccupations. Le président du RPR arrive en deuxième position au soir du premier tour, derrière le socialiste Lionel Jospin. Villiers, lui, ne récolte que 4,7 % des suffrages. *« Je fais quoi pour le second tour ?* demande-t-il à Marie-France Garaud. – *Rien* », lui répond la conseillère, qui vote blanc à toutes les élections depuis 1981. Pas question d'appeler à voter Chirac ! Ce serait une humiliation de le voir emporter la présidentielle après avoir contrevenu à tout ce qu'elle lui a appris. Mais Villiers n'en fait qu'à sa tête : il s'empresse de déclarer son soutien au président du RPR. Le Vendéen s'affiche même à un de ses meetings. Il estime que ses électeurs ne comprendraient pas une attitude conduisant à favoriser la gauche. La conseillère soupire : voilà encore un cheval qui ne court pas droit. Elle le raye de son esprit.

Le 7 mai, Marie-France Garaud et Pierre Juillet attendent les résultats devant leur poste de télévision. À 20 heures, ils voient s'afficher sur l'écran le visage de leur ancien champion, qui l'emporte avec 52,6 % des voix. La liesse s'empare de Paris. La France change de président, après quatorze ans de règne de François Mitterrand. Les journalistes à moto poursuivent Jacques Chirac dans les rues de la capitale. Le Corrézien triomphe enfin, à 62 ans.

Marie-France Garaud est dépitée. Même cachée derrière le rideau de l'isoloir, elle n'a pas pu se résoudre à voter pour lui. « *Je ne pouvais pas*, souffle-t-elle. *Pour être président de la République, il faut avoir une vision et des idées auxquelles on tient, bonnes ou mauvaises, pour se projeter dans l'avenir.* » Tout ce qui manque à Jacques, selon elle. Son Jacques. Il n'a pas beaucoup changé depuis vingt ans, cet adolescent. Versatile, incertain, influençable… Cela ne peut pas faire un bon président, pense-t-elle. L'aigreur aveugle la conseillère. Elle ne voit pas que le maire de Paris s'est construit par lui-même ces quinze dernières années, à rebours d'une partie de ses idées. L'ingrat ne les a pas suivis sur l'Europe. Il est aujourd'hui élu chef de l'État et ne les appelle même pas pour les remercier. S'il triomphe, c'est pourtant grâce à eux !

Jacques Chirac préside aux destinées de la cinquième puissance mondiale. Il habite l'Élysée, leur éternel objet du désir, dont les portes leur sont fermées depuis la mort de Georges Pompidou, en 1974. Les voilà seuls. S'ils avaient su, en quittant le palais, à l'époque, qu'ils s'éloignaient pour toujours du pouvoir suprême… « *La position révolutionnaire est une position solitaire* », philosophe Marie-France. De toute façon, le pays, mis sous cloche par la Commission européenne, a fermé depuis belle lurette, se rassure-t-elle. Ce discours de façade dissimule mal sa rage. Le bureau à côté de celui de Chirac devrait être le sien ; la voilà confinée pour de bon dans les marges. Comment a-t-elle pu en arriver là ?

Pendant la campagne présidentielle, Pierre Juillet a commis une tribune crépusculaire dans *Le Monde*. Le texte, empreint de nostalgie, parle d'eux. De ces femmes et de ces hommes qui regardent passer le train de l'Histoire sans pouvoir l'arrêter. « *Le gaullisme s'éteint lentement*, écrit Juillet. *Il reste, par-ci par-là, des petits lumignons de fidélité à ce qui fut une grande leçon de politique et une courte parenthèse dans la décadence. Que peuvent ces petites flammes vacillantes quand les partis obscurcissent toute vie politique sous les nuées des intérêts partisans et individuels ? Témoigner que le gaullisme, c'est le service du bien public et de la France jusqu'à l'abnégation ? C'est une exigence qui se meurt… Mais encore une minute, monsieur le bourreau…* » Encore un souffle. Un dernier. La bougie va s'éteindre.

XX

Une guirlande lumineuse aux couleurs de l'an 2000 a été accrochée au-dessus de la porte de l'église de Vallière, minuscule village de la Creuse. Les cloches sonnent la volée. Le ciel d'hiver est gris et bas. Quatre hommes portent péniblement un cercueil à l'intérieur de l'édifice. Marie-France Garaud, veste de chasseur posée sur les épaules, a le visage défait. Pierre Juillet a été rappelé à Dieu, à 78 ans.

D'ordinaire, un enterrement résume le film d'une vie en rassemblant ses acteurs le temps d'une dernière scène. La mort de Pierre Juillet, résistant, gaulliste, conseiller d'un président de la République – Georges Pompidou –, précepteur d'un autre – Jacques Chirac –, devrait en théorie faire se recueillir tout ce que la France compte de militaires, de diplomates ou d'hommes politiques ayant marqué les décennies de l'après-guerre. Mais il n'y a pas foule, ce 27 décembre 1999, pour accompagner la famille du défunt, décédé quatre jours plus tôt. Une trentaine de personnes, tout au plus. Alain Juillet, son neveu, qui exerce de hautes fonctions au sein de la DGSE, se tient à côté de Marie-France Garaud. Daniel Le Conte, le chef de cabinet adjoint de Jacques Chirac à l'Élysée, son homme à tout faire, est là, lui aussi, mais à titre personnel. Il sait ce qu'il doit à Pierre Juillet, qui lui a fait passer son bac à coups de pied dans le derrière, avant de lui trouver un travail au RPR. Le Château n'a envoyé personne, ni fleurs, ni couronne. Aucun haut dignitaire du parti chiraquien, ce mouvement que Juillet a porté sur les fonts baptismaux il y a vingt ans, n'est présent. Le président de la République a simplement passé un coup de téléphone à la veuve depuis ses vacances au Maroc.

La France ne s'intéresse pas aux histoires du passé en cette veille du passage à l'an 2000. Elle est plus préoccupée par la formidable tempête qui vient de priver des millions de foyers d'électricité, ou par la marée noire que l'*Erika*, un pétrolier maltais, a répandu sur les côtes bretonnes. Les journaux télévisés évacuent en quelques secondes la nouvelle de la mort de Pierre Juillet. Pas évident de retrouver des images illustrant la vie d'un homme qui sera toujours resté dans l'ombre des puissants. Il n'y a bien que France 3 Limousin pour consacrer un sujet en bonne et due forme à l'enfant du pays, né et mort dans son hameau de Puy-Judeau, modeste arpent de terre de cette Creuse où il aura passé le plus clair de son existence.

Depuis 1995, Juillet vivait reclus dans son manoir, tel un ermite, auprès de sa femme et de sa sœur, observant d'un air las le clapotis de l'étang situé sous ses fenêtres. La sédentarité aura forgé la vision de ce conservateur viscéral, qui s'est montré attaché aux permanences jusqu'à mourir une semaine avant la bascule dans le nouveau millénaire. Ses deux fils lui rendaient parfois visite. Marie-France Garaud aussi, bien entendu, tout comme Charles Pasqua, quand il était de passage dans le département. L'ancien conseiller se montrait amer. La politique en général, et Jacques Chirac en particulier, l'avaient déçu. Prenant ce qui lui passait sous la main, il s'était entiché sur la fin du député RPR du coin, Jean Auclair, auquel il prodiguait quelques conseils, comme un retraité pratique sa gym le matin, pour garder la forme. Chirac veut vous enrôler ? Résistez-lui, il vous achètera plus cher demain…

Juillet avait fini par oublier le conseil qu'il avait donné à Marie-France, peu de temps après leur rencontre, à la fin des années 1960 : « *Vous levez les pieds pour éviter les ficelles, vous baissez la tête pour esquiver les couteaux, et surtout, vous riez beaucoup. Et quand vous ne savez plus de quoi rire, riez de vous-même !* » Il n'avait plus le cœur à ça. La conseillère vient de perdre un des deux hommes de sa vie, avec son mari.

L'événement intervient alors qu'elle vient de gagner, à 65 ans, son premier mandat électoral. En juin, Marie-France Garaud est devenue députée européenne, élue sur la liste montée par Charles Pasqua et Philippe de Villiers. Elle a accepté d'y figurer après avoir traîné des pieds pendant des semaines. Les souverainistes aiment se quereller, mais finissent toujours par avoir besoin de se tenir chaud ; sa rancune envers Villiers, qui s'est répandu ces dernières années en propos peu amènes contre son ami Jimmy Goldmisth malgré son admiration pour le personnage, est passée au second plan. Garaud a donné son accord à Pasqua à la condition de pouvoir siéger parmi les non-inscrits une fois élue. Pas question de renier sa liberté de parole. Depuis que Pierre Joxe, son patron à la Cour des comptes, l'a houspillée pour une visite de soutien aux Serbes, à Belgrade, en plein conflit au Kosovo, elle ne veut être liée par aucune attache. « *Vous êtes partie sans prévenir ni sans autorisation, c'est un scandale. Vous manquez à toutes vos obligations de réserve*, l'avait tancée Joxe. *En plus, je sais très bien que vous allez rejoindre Pasqua pour les européennes. J'espère trouver demain sur mon bureau votre lettre de démission !* » Le lendemain, elle décrochait son téléphone pour appeler Pasqua : « *Allô, Charles ? Votre proposition pour les européennes tient toujours ?* »

À Bruxelles, l'exploitante agricole – profession qu'elle a indiquée sur sa fiche de renseignement du Parlement européen – siège au sein de la commission des affaires juridiques. Elle bûche et fait montre d'une assiduité peu commune. Chaque jeudi après-midi, Garaud se rend à la conférence des présidents, où elle peut parler les yeux dans les yeux avec la présidente du Parlement, Nicole

Fontaine, la seule interlocutrice qu'elle estime digne de son rang.

Depuis la victoire de Jacques Chirac, en 1995, la conseillère n'a pas mis les pieds une seule fois à l'Élysée. Son ancien poulain en est de toute façon réduit aux expédients, pense-t-elle : appliquer le traité de Maastricht et s'arrimer à l'Allemagne. Elle n'a pas supporté de le voir couper les ponts dès son élection avec le mythe gaulliste d'une France résistante en reconnaissant la responsabilité de l'État français dans la rafle du Vél' d'Hiv'. *« Non, Vichy n'était pas la France ! »* continue-t-elle de clamer à grands coups de tribunes dans la presse. Chirac la décevra jusqu'au bout. L'aigreur s'est transformée en mépris. Elle ne glissera jamais le moindre bulletin dans l'urne pour le soutenir. Pas même au second tour de l'élection présidentielle de 2002 face à Jean-Marie Le Pen, alors que la France entière se mobilise contre l'extrême droite. Ce sera blanc, encore une fois.

En 2001, son mari Louis Garaud meurt à son tour. Il tombe d'un coup, foudroyé dans son bureau. Cet homme fidèle et droit, le père de ses deux fils, représentait un îlot de repos dans la violence du monde politique. L'environnement de la conseillère se déchire un peu plus en lambeaux.

Elle perd le goût du combat. Le déclin lui semble inéluctable : « *Parfois, je me demande si on peut descendre plus bas. Mais, dans l'histoire des peuples, on descend toujours plus bas. De mémoire de fossoyeur, on va jusqu'au fond de la tombe.* » Les sessions du Parlement européen à Bruxelles la lassent, tout comme les allers-retours en Thalys, où les stewards passent leur temps à lui servir du poisson sous vide dans des plateaux repas insipides. En 2004, elle refuse de se présenter pour un nouveau mandat. L'heure de la retraite approche. « *Le Parlement européen m'a dégoûtée de deux choses*, explique-t-elle. *De l'Europe et du saumon.* »

Épilogue

Samedi 14 juin 2020, 8 h 30. Les gendarmes de Niort rentrent à la caserne la boule au ventre. Ils viennent de passer la nuit à ratisser en vain une vaste zone autour du village de Saint-Pompain, au nord des Deux-Sèvres, pour tenter de retrouver une vieille dame de 86 ans portée disparue depuis la veille au soir. Une vingtaine d'hommes ont été déployés, avec maîtres-chiens et hélicoptères. Mais les 5 000 hectares de la forêt de Mervent, en Vendée voisine, où l'octogénaire se serait perdue, sont trop vastes pour pouvoir être quadrillés de part en part. La météo est affreuse ; il n'a cessé de pleuvoir des trombes d'eau toute la nuit.

Le colonel Jean-Pascal Chateau décide de lancer un avis de recherche. Les premières heures de traque sont décisives pour retrouver en vie une personne disparue. Un message est diffusé sur le compte Twitter de la gendarmerie des Deux-Sèvres : « *Disparition inquiétante de Marie-France Garaud (figure politique 70's) en forêt de Mervent. Âgée de 86 ans (165 cm – 55 kg), circule à bord Toyota Rav-4 gris (logo 75). Si découverte ou renseignement utile, composez le 17.* » Une photo du véhicule en question, dénichée sur un moteur de recherche, illustre le message, à côté d'une image de la disparue ; elle n'y apparaît guère en valeur, avec ses épaules voûtées et son pull beige fatigué. Les radios locales retransmettent la nouvelle sur leurs ondes. L'Agence France-Presse balance un « urgent » sur son fil : « *Un avis de recherche a été lancé samedi après la "disparition inquiétante" dans la nuit de vendredi à samedi, dans les Deux-Sèvres, de Marie-France Garaud, figure politique française des années 1970, ex-conseillère des présidents Pompidou et Chirac.* »

Il en va de la politique comme de la chanson : certains noms restent accolés à une décennie. Pour un Johnny Hallyday, une Catherine Deneuve ou un Jacques Chirac, qui traversent les époques, combien de Georges Chelon et de Marie-France Garaud, résumés à leurs vieux tubes d'antan ? Le nom de la conseillère évoque la génération des politiques forts en gueule, des dernières heures du gaullisme et du chiraquisme naissant ; il convoque l'imagerie des films de Claude Sautet, du tout-bagnole, des immeubles qui poussent en banlieue comme des champignons, des viandes en sauce chez mamie et des œufs durs à écaler sur le comptoir du bistrot. Drôle d'incursion dans l'actualité de la France de 2020, qui vient tout juste de sortir du confinement imposé face à l'épidémie mondiale de coronavirus.

Un des fils de la disparue descend en catastrophe depuis Paris. C'est le personnel du château des Moulières, sa propriété depuis un demi-siècle, qui a sonné l'alerte à 2 h 15 du matin. Les gendarmes ont rapidement fait le rapprochement avec un véhicule signalé la veille, vers 22 h 40, en forêt de Mervent, au volant duquel se trouvait une vieille dame. La voiture circulait avec les pleins phares allumés et zigzaguait de part en part de la route… Cela fait déjà quelques années que l'esprit de Marie-France Garaud est traversé d'éclipses. Elle est partie de chez elle avec son Barbour sur le dos, sans papiers, ni téléphone ou carte bancaire. Personne ne connaît l'objet de sa virée nocturne. À 11 h 46, alors que l'espoir de la retrouver en vie s'amenuise, une femme sortant de chez le maraîcher, dans le village de Réaumur à quarante kilomètres de là, au cœur de la Vendée, l'aperçoit en train de clopiner le long de la route. Elle est mouillée de la tête aux pieds, épuisée et hagarde. Les gendarmes peuvent venir la récupérer. Ils m'expliqueront, quelques heures plus tard, que l'ancienne conseillère a passé une partie de la nuit dans sa voiture, en pleine forêt. L'alerte aura duré à peine une matinée. L'ancienne conseillère ne fait que traverser furtivement l'actualité depuis déjà un bon moment.

La dernière fois que j'ai rencontré Marie-France Garaud, c'était en février 2017. Elle jouait alors encore aux consultantes de luxe à la télévision ; les producteurs adorent l'entendre raconter l'histoire de son point de vue d'actrice engagée, ou bien rabrouer les invités et les journalistes pour leur inculture. Je la retrouve dans son appartement. Il est une question qui me brûle les lèvres : pourquoi ? Pourquoi sacrifier sa vie personnelle, sa famille, sa santé, s'enflammer un jour et se désoler le lendemain, crier, pleurer, jouir, tout ça pour tenter d'assouvir une soif de pouvoir par nature incertaine ? Garaud n'a jamais rien gagné sur son nom, mais a conseillé les plus grands ; elle a mis sur les rails un président de la République, puis s'est enferrée dans un combat minoritaire. Voulait-elle laisser une trace ? Est-ce par goût d'une vie plus intense ? Au fond, que reste-t-il du combat de cette femme, la plus influente – et donc la plus puissante – qu'ait connue la Ve République ? *« On s'engage pour une mission, et on y met tout ce qu'on peut mettre. Les grands politiques ne sortent de leur rôle que morts ou battus »*, me répond-elle.

Cette vision sacerdotale de l'engagement n'a sans doute plus court aujourd'hui. Les personnages d'hier, parfois lestés du poids de l'histoire, ont laissé place à des personnalités de plus en plus interchangeables, qui prétendent défier les lois les plus élémentaires de la politique, voire la tuer dans son existence propre, comme s'il était possible de réinventer un monde et des pratiques aussi vieux que l'Antiquité. Philippe Séguin, Charles Pasqua, Simone Veil… Marie-France Garaud voit depuis quelques années ses contemporains s'éteindre les uns après les autres. Tous disparaissent avec leur cortège de grandeurs et de petitesses, de coups d'éclat et de secrets.

Un jour de 2013, alors que l'esprit de Jacques Chirac continue de s'évader dans les brumes de la maladie, je la questionne encore une fois sur cet homme dont elle a cherché à faire un président à son image, et qui l'a déçue. Par une drôle ironie de l'histoire, un des fils de Marie-France Garaud a épousé une fille de la famille Chodron de Courcel, le clan de Bernadette Chirac. *« Il y a longtemps que je n'ai pas vu Chirac. J'ai envie de lui faire une petite visite un de ces jours »*, me confie-t-elle, songeuse. Depuis que l'ancien président a quitté l'Élysée, en 2007, il leur est arrivé de se croiser, à des réceptions à l'ambassade du Japon, où ils aimaient tous les deux à se rendre. Ils se sont parfois rencontrés au détour d'une rue, par hasard, et ont taillé une bavette sur le trottoir. Une étrange complicité unit les acteurs retirés de la scène. Et si, de cette vie d'engagement, il restait avant tout la force du compagnonnage ? *« Nous étions en désaccord complet sur l'Europe, mais ça n'empêche pas que je l'ai toujours trouvé très sympathique*, souligne-t-elle. *À condition qu'il ne soit pas président de la République. On a vu pire, mais il n'était pas fait pour ça. »*

Nicolas Sarkozy et François Hollande n'ont pas plus trouvé grâce à ses yeux. Elle n'a voté ni pour l'un, en 2007, ni pour l'autre, en 2012, bien qu'elle ait hésité en ce qui concerne le socialiste. Au premier tour, cette année-là, la gaulliste a envisagé un temps de soutenir Jean-Luc Mélenchon, par sympathie souverainiste, mais elle a finalement voté blanc, encore une fois. Il n'y a bien qu'à l'élection présidentielle de 2017 que la couleur de son bulletin a changé pour virer au bleu marine. À dix jours du premier tour, Marie-France Garaud annonce qu'elle soutient Marine Le Pen. « *Elle est la seule candidate qui n'est pas pieds et poings liés devant les Allemands. Elle a, je crois, le sens de l'État au point de préserver notre nation* », justifie alors l'ancienne conseillère. Son obsession souverainiste l'a poussée à commettre l'irréparable, à 83 ans : soutenir le parti cofondé par Jean-Marie Le Pen, les hérauts de l'Algérie française et ceux de la collaboration avec l'Allemagne nazie. Imagine-t-on une gaulliste authentique se ranger derrière les héritiers de ceux qui ont combattu le Général ?

Le 26 septembre 2019, Jacques Chirac s'éteint au bout d'un long crépuscule. Je repense à ce jour où, au moment de prendre congé à la fin d'un de nos rendez-vous, Marie-France Garaud me tend son livre écrit avec Philippe Séguin, *De l'Europe en général et de la France en particulier. « Tenez, je vous le prête. Mais pensez bien à le ramener, j'y tiens, c'est mon dernier exemplaire et il n'est plus réédité. »* Une feuille fait office de marque-page : c'est le bon de commande pour le livre, *« avec dédicace de l'auteur »*, est-il précisé dans l'annonce. Je l'ouvre. Une inscription au stylo bille figure sur la première page : *« À l'amitié en général, et à Jacques en particulier »*.

Bibliographie

La Fête des fous, Marie-France Garaud, Plon, 2006.

La Double Méprise, Catherine Nay, Grasset, 1980.

Jacques & Jacqueline, Pauline de Saint Rémy et Laureline Dupont, Robert Laffont, 2016.

La Tragédie du pouvoir, Édouard Balladur, Fayard, 2013.

Après tant de batailles... Mémoires, Pierre Messmer, Albin Michel, 1992.

D'un Chirac l'autre, Bernard Billaud, Éditions de Fallois, 2005.

Les Micros du Canard, Claude Angeli, Les Arènes, 2014.

Pour rétablir une vérité, Georges Pompidou, Flammarion, 1982.

Les Vagues du temps, Jérôme Monod, Fayard, 2008.

Chaque pas doit être un but, mémoires, Jacques Chirac, Nil, 2011.

Georges Albertini, Pierre Rigoulot, Perrin, 2012.
Mémoires d'avenir, Michel Jobert, Grasset, 1974.
La Machine RPR, Jean-Yves Lhomeau et Pierre Crisol, Fayolle, 1977.
L'Entourage de Georges Pompidou (1962-1974), Sabrina Tricaud, PIE Peter Lang, 1999.
Dans les allées du pouvoir, Denis Baudouin, J-C Lattès, 1990.
Georges Pompidou, un portrait, Gérard Aubray, Fayard, 1969.

Remerciements

J'ai rencontré au cours de mon enquête près d'une cinquantaine de personnes, que je veux remercier pour avoir pris le temps de me raconter « leur » Marie-France Garaud, leur époque, ainsi que de m'avoir ouvert leur carnet d'adresses. Certaines souhaitent rester anonymes, d'autres, comme Albin Chalandon, Jean Sérisé ou Xavier Gouyou-Beauchamps, sont malheureusement décédés depuis. Je tiens à remercier particulièrement Michel et Alain Juillet, le fils et le neveu de Pierre Juillet, ainsi qu'Alain Pompidou, fils de Georges Pompidou, pour leurs très riches témoignages. De nombreux acteurs de l'époque, comme Pierre Mazeaud, Bernard Esambert, Jean Tibéri, François Heilbronner, André Chandernagor, Jacques Godfrain, Roger Chinaud, Jean-Jacques

Chaban-Delmas, Alain-Gérard Slama, Alain Madelin, Henri Guaino, Geoffroy de Rocanquourt, Philippe de Villiers ou Daniel Vaillant m'ont aidé à construire ce récit. Les journalistes Catherine Nay, Michèle Cotta, Anita Hausser, Patrice Duhamel, Alain Duhamel, Michel Bassi, Philippe Alexandre et Franz-Olivier Giesbert m'ont également apporté leur éclairage. Qu'ils en soient remerciés.

Merci également à Olivier Sibre et à toute l'équipe de l'institut Georges-Pompidou de m'avoir permis d'accéder à leurs archives, notamment aux témoignages confiés par des personnalités telles que Jacques Pélissier, Madeleine Négrel, André Marguenaux, Jean Donnedieu de Vabres, Anne-Marie Dupuy ou René Galy-Dejean. La Hoover Institution de l'université Standford m'a par ailleurs ouvert le fonds d'archives de Georges Albertini.

Je tiens à remercier chaleureusement Raphaëlle Bacqué pour ses précieux conseils et ses encouragements. Ce livre lui doit beaucoup, tout comme au talent de relecteur de mon cher ami Gaspard Dhellemmes.

Merci à Olivia Elkaim d'avoir été à l'origine de ce projet, d'y avoir cru et de l'avoir rendu possible.

Merci à mes différents chefs de service au *Monde*, Solenn de Royer, Gwennoline Le Cornec, Bastien Bonnefous et Matthieu Goar, de m'avoir accordé du temps pour construire ce récit, et pour leur bienveillance au quotidien.

Un mot, enfin, pour Camille. Rien ne serait possible sans ton regard, ta patience, ton opiniâtreté, mais surtout ta vie et ta joie. Merci.

Composition et mise en pages
Nord Compo à Villeneuve-d'Ascq

Imprimé en Espagne par Liberdúplex
08791 Sant Llorenç d'Hortons (Barcelone)
pour le compte des editions Fayard
13, rue de Montparnasse 75006 Paris

40.7424.8/01